JN064768

弘前大学レクチャーコレクション2
学びの扉をひらく

弘前大学出版会　編

弘前大学出版会

第１章　創る　Create

口絵１　試作したPCケースおよびパームレスト（P. 3）

口絵２　人文社会科学部「ビジネス戦略実習」の活動風景（P. 19）

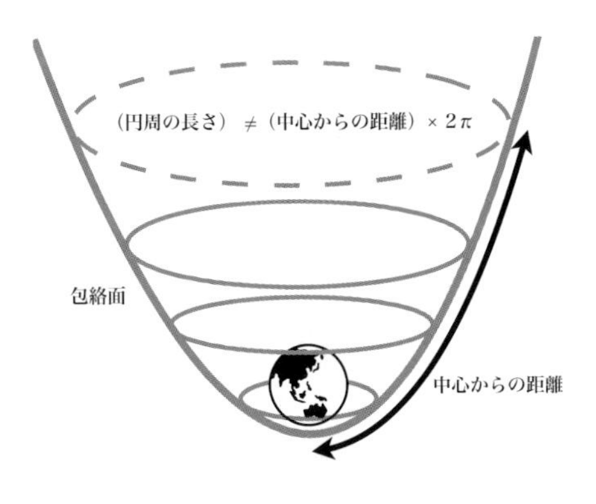

口絵３
空間の曲がりの概念図（P. 22）

口絵４　沙漠における緑化実験の前後（P. 35）

第２章　つなぐ　Connect

開腹手術

腹腔鏡手術
1990年代〜

ロボット手術
2010年代〜

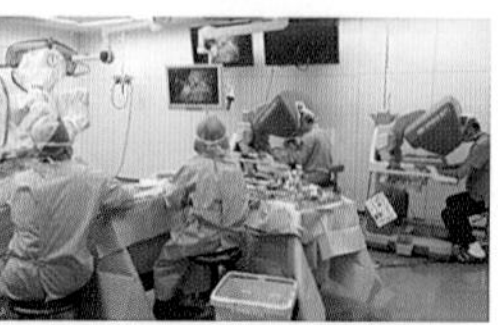

術野映像のデジタル化

画面共有　　拡大立体視

手術操作のデジタル化

精緻性向上

口絵５　変化する外科手術の風景（P. 49）

(a) マスタケ
(b) アミガサタケ
(c) タマゴタケ
(d) コシロオニタケ
(e) フクロツチガキ
(f) ホウキタケ

口絵６　青森で見つけたキノコ（P. 67）

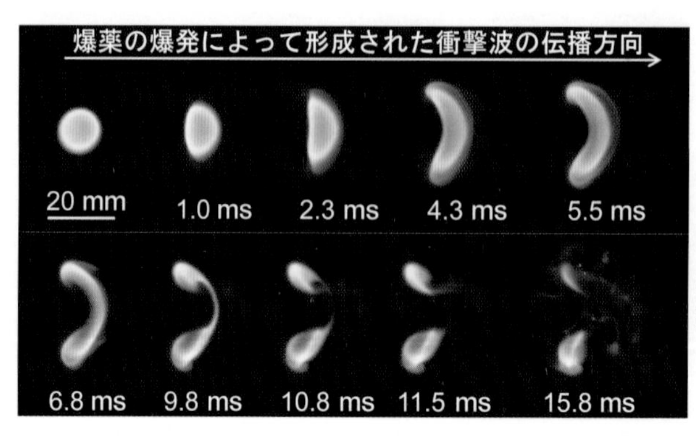

口絵７
火炎の直上から撮影した爆風消火の消炎過程
（P. 73）

第３章　変える　Change

口絵８　「こども」と「こどもたち」を表す言い方は、津軽方言と奄美方言では何が異なり、何が等しいのだろうか（P. 100）

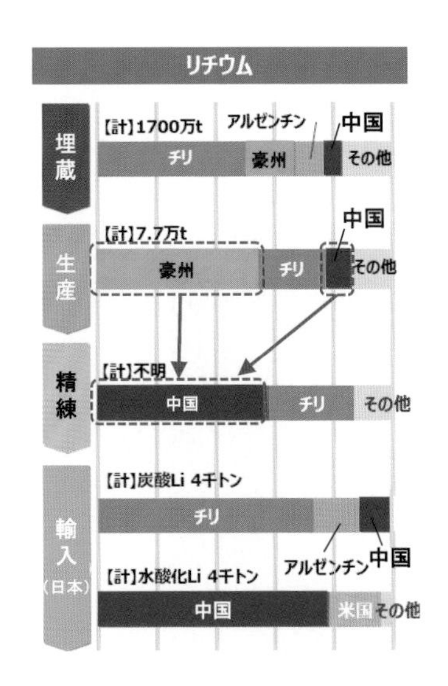

口絵９
リチウム資源の供給状況（世界）（P. 112）
（出典）USGS 2020、IEA、貿易統計から抜粋・加筆

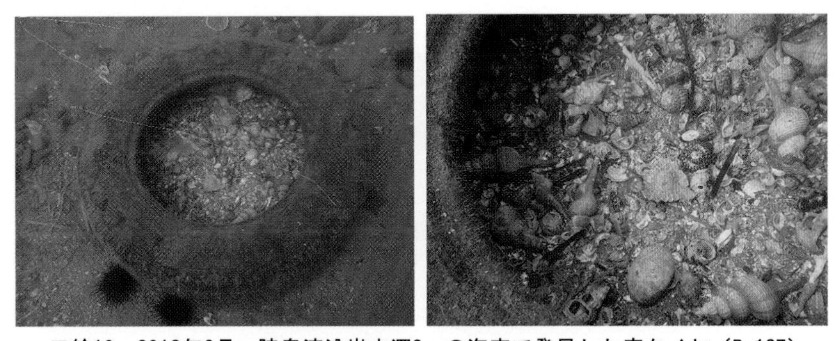

口絵10　2012年6月、陸奥湾沿岸水深8mの海底で発見した廃タイヤ（P. 127）

第４章　癒す　Cure

口絵11　2022年にロウ対ウェイド判決が覆された日の抗議活動の様子（P. 146）
（Wikimedia Commons）

口絵12　弘前肉腫記念石碑（P. 173）

口絵13　リニューアルされた「太宰治文学碑」（P. 180）

第５章　わかる　Comprehend

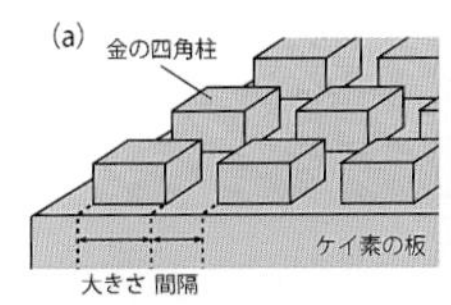

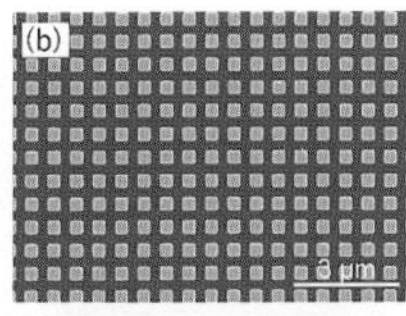

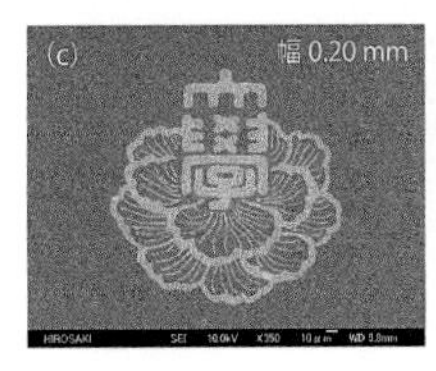

口絵14
(a)金のナノ四角柱の配列構造の模式図
(b)作製した金のナノ四角柱の走査電子顕微鏡像
(c)(d)金のナノ四角柱で作製した弘前大学の徽章（きしょう）とロゴマークの走査電子顕微鏡像（P. 189）

口絵15
アウシュヴィッツ強制収容所の門（P. 199）

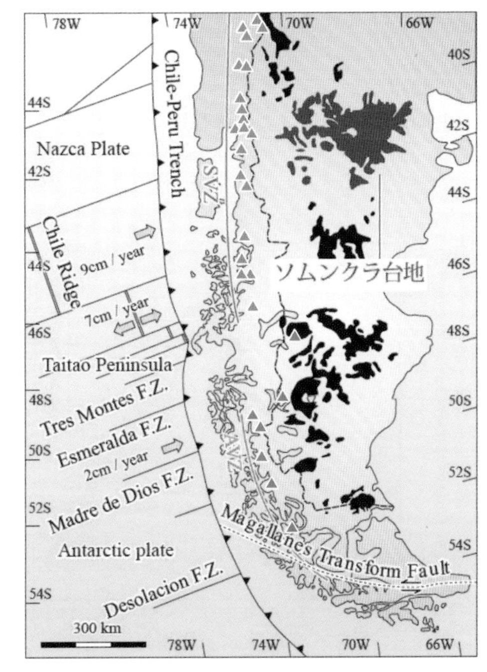

口絵16
南米大陸南部、パタゴニア地方における新生代火山岩類の分布図
（P. 211）

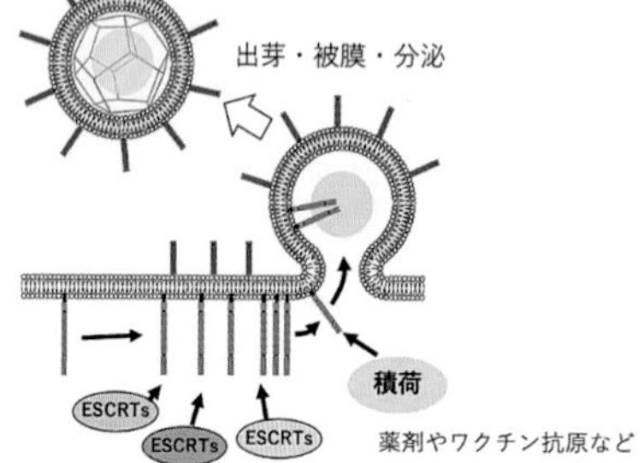

口絵17
ウイルス出芽を利用した人工被膜タンパク質ナノ粒子（P. 223）

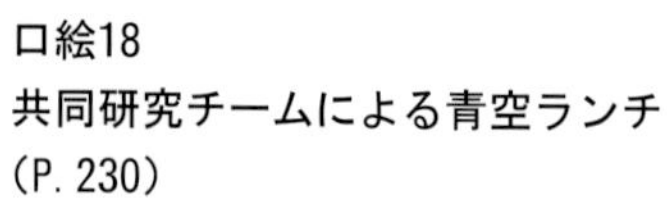

口絵18
共同研究チームによる青空ランチ（P. 230）

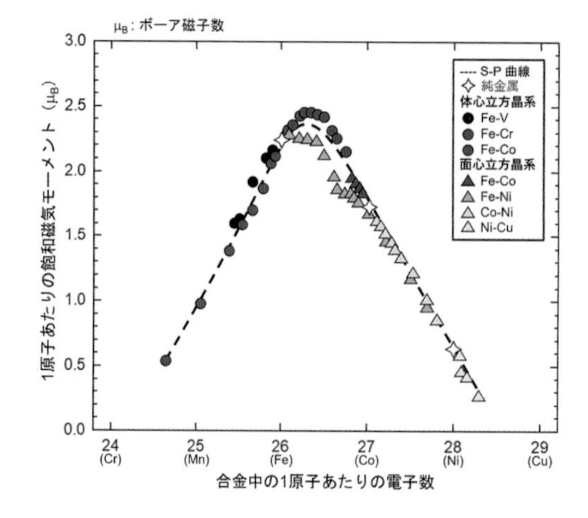

口絵19
典型的3d遷移金属からなる2元合金の結果でプロットしたスレーター・ポーリング曲線（P. 232）

はじめに

力あることばを探しに
―『弘前大学レクチャーコレクション２』の刊行に向けて―

弘前大学出版会副編集長　澤　田　真　一

"Unless you are transforming the lives of your students,
　　you are not doing your job."
（あなたの講義を聞いて、学生の生き方が変わるのでなければ、
　　あなたは自分の仕事をしていることにはならない。）

　これは、私が教員としていつも忘れることなく大切にしている言葉です。今から20数年前、人文学部（当時）に赴任したばかりの私は、ニュージーランドの大学院で学位を取得していたというつながりで、新たに弘前大学の協定校となったオークランド工科大学のヒンチクリフ学長の訪問中のお世話を任じられました。大学教育についてお話していた昼食の席で、退官を間近に控えていた先生が駆け出しの教員である私に贈ってくださったこの言葉は、教員の学生に対する責任と使命についての戒めとして、心に刻み込まれました。レクチャー（講義）とは、学生の成長ために教員が今までの研究と人生をかけて臨む勝負の「場」です。

　2020年に刊行した『弘前大学レクチャーコレクション』は、弘前大学受験を考えている高校生のみなさんに向けて「学ぶことの楽しさ」を送り届けることを、その主な目的としていました。今回お届けする『弘前大学レクチャーコレクション２』は、弘前大学に入学された1年生のみなさんに、学内の魅力的な研究者の知識人像を紹介することで、自らが「知識人」となることへの心の準備と自覚をうながすことを目指しています。（「知識人」だなんて大げさな、と思っている方には『世界がもし100人の村だったら』（C. ダグラス・ラミス、2001）をおすすめします。大学で学べるのは100人の中で

ただひとり、そして読み書きができない人は14人もいると記されています。)

それでは「知識人」とはどのような存在なのでしょうか。みなさんにはそれぞれ自分が考える知識人のイメージがあることでしょう。私の考える（そして目標としている）知識人像は、「常に弱者の側に立つ者」、「思想と行動が一致している者」、「あいだに立ち、ふたつのかけ離れたものをつなぐ者」、「学ぶことを通じて自らと他者とを解放する者」、そして「新たな目で世界を見ることを可能にしてくれる者」です。

大学生となったあなたは、学ぶことの大切さを知っていることでしょう。でもそれを義務と感じているならば、学びは苦しみとしてしか経験されないかもしれません。知識人は、自らの存在をもってあなたに呼びかけます。学問とは世界を創ること (create)、つなぐこと (connect)、変えること (change)、癒すこと (cure)、そして理解する（世界がわかる）こと (comprehend) であると。彼らの呼びかけに応えるときに、それまでの義務感は、学ばずにはいられないという自発的な内的衝動に変わり、学ぶことそれ自体が大きな喜びとなります。

『弘前大学レクチャーコレクション２』には、各学部からの選りすぐりの講義を集めました。

さあ、あなたのその後の人生を変えてしまうような力ある講義（ことば）を探しに行きましょう。

CONTENTS

第3章　変える　Change

レクチャーエッセイ

ショートエッセイ

第4章　癒す　Cure

レクチャーエッセイ

ショートエッセイ

第5章　わかる　Comprehend

レクチャーエッセイ

※執筆者の所属は令和6年4月1日時点のものである。

第１章

Create

Lecture 1　りんごの木や枝を有効に活用する

廣瀬　　孝

木材加工とは

木材加工とは、「木材を1）変形、2）変質、3）混成等の技術的手段によって、その効用を発生させ、または増加させて、その利用価値を増殖する生産行為」と定義されています[1)]。この考え方を基本として、木材や地域バイオマス等を対象とした研究を進めています。例えば、りんご産業において排出される廃棄物であるりんご剪定枝は、青森県内において利用可能量7.8万トン／年です。しかし有効な利用法は少なく、園地内で焼却処分されている現状があります[2)]。このりんご剪定枝やりんごの木の活用は青森県らしい内容でもあることから、我々の研究室においても色々な角度より地域に貢献できるテーマとして研究しています。その内容を上記の定義に当てはめると、1）がPCケース、2）が紙、活性炭、乾燥技術、3）が木質ボード等に該当します。また筆者の研究室における研究テーマの多くは、地域の企業等の皆様と共同で推進しているのが特徴です。今回、このような機会を頂きましたので、1）～3）の中からＰＣケース、紙、活性炭に焦点を当て、地域の企業の皆様と研究した内容についてご紹介したいと思います。

ＰＣケース

昨今のコロナ禍を受けテレワークの推進に伴い、ＰＣ周辺グッズのシェアが拡大していると推察されます。そこで県内企業との共同研究によって図１

ひろせ　たかし　　教育学部 技術教育　准教授
出身地は宮崎県日南市、青森県に来て25年目。
専門の研究テーマはリサイクル工学（地域バイオマスを原料とした活性炭の作製とその応用、繊維強化プラスチック由来のガラス繊維の活用等）。

に示した「りんごの木」を利用したＰＣケースおよびパームレストを試作しました。現在、試作によって確認された課題の解決を図りながら、製品化を目指しています。また、試作したＰＣケース等の表面を触ってもらったところ、大変滑らかな印象を受けたという感想が寄せられました。他の木材と比較してその滑らかさが高ければ、りんごの木を原料として用いる特徴になると想定されます。一方、小学校の家具等において用いられる木材を調べたところ、ミズナラ、スギ等が多く用いられていることが分かりました[3)]。そこで、上記のりんごの木、を含む6種類の木材をＰＣケースに使った木材と同様に超仕上げカンナ盤という機械で加工後、それらの表面状態を比較するため、学生10名をパネラーとし、順位法による官能評価アンケートを実施しました。具体的には試料として、図2に示した①りんごの木、②ミズナラ、③タモの広葉樹3種、④ヒノキ、⑤パイン、⑥スギの針葉樹3種を用いました。これらを110mm ×60mm ×20mm に加工し、カンナ盤処理前の木材としました。また、上記で作製した木材を超仕上げカンナ盤（マキタ社製）にて、おおよそ5mm 削る処理後、それらの表面状態を比較しました。

図１　試作したPC ケースおよびパームレスト（口絵１）

図2　用いた木材の外観

表1にアンケート結果を示します。りんごの木の手触りが6種類の中で最も良いと回答する割合が60%と最も高かったです。また、スギは5位、タモは6位が多いという結果となりました。スギは針葉樹、タモは広葉樹に該当します。一方りんごの木は広葉樹ですが、一概に広葉樹が全て高い順位になるとは言えないことが分かりました。今後機械による表面状態の測定を行い、りんごの木を利用する際の利点を明らかにしたいと思っています。

表1　アンケート結果

	1位	2位	3位	4位	5位	6位
評価者1	①	④	⑤	②	⑥	③
評価者2	⑤	①	④	②	⑥	③
評価者3	④	②	①	⑤	⑥	③
評価者4	①	②	④	⑤	⑥	③
評価者5	②	④	①	⑥	⑤	③
評価者6	①	⑤	④	⑥	②	③
評価者7	①	⑤	④	②	⑥	③
評価者8	①	⑤	④	⑥	②	③
評価者9	①	②	⑤	⑥	④	③
評価者10	②	①	④	⑤	⑥	③

※①: りんご　②: ミズナラ　③: タモ　④: ヒノキ　⑤: パイン　⑥: スギ

りんご剪定枝和紙

1．国体用表彰状

弘前市相馬地区には「紙漉沢」という土地が存在し、ここには「第98代長慶天皇の伝説」があります。伝説の内容は、室町時代に足利氏からの追及を逃れるため、長慶天皇がこの地に下った、というものです。また、その際、同行していた高野山の僧侶が、紙すきの技術を伝授したと伝えられています。これより、相馬地区ではこの技術より作製された紙を「高野紙」と呼び、現代に継承しています[4]。一方、紙は、幕府や朝廷に献上品としても活用され、弘前藩中興の祖とされる4代藩主・津軽信政（つがるのぶまさ）公は、紙の産業育成を目指していました。具体的には、津軽藩に職人を呼び寄せ、専門の役人を置き、紙の原料となる楮（こうぞ）の栽培を行っていました。しかし、寒冷な気候や飢饉の影響等から産業として自立できず、紙は北前船等で輸入することで対応し、藩内での紙作製を定着させることはできませんでした[5]。

農林水産省の調査によると国内のバイオマスは、間伐材等の林地残材、農作物非食用部（もみ殻や剪定枝等）等の利用率が低いとされています[6]。これは収集作業の難しさや高付加価値化に関する利用技術の未確立等に起因していると推察されます。一方、青森県内では、りんご剪定枝の年間発生量約15万トンのうち、約3割を占める細い枝約4.5万トンの大半が園内で野焼きされています[7]。これは利用率が低いとされる農作物非食用部に該当し、解決のためには、上述の通り、新たな利用技術を開発することが必要と考えられます。

日本産業規格（ＪＩＳ）によると、「紙」とは「植物繊維その他の繊維を膠（こう）着させて製造したもの。」と定義されています[8]。一般には植物繊維として、針葉樹や広葉樹から得たパルプが利用されています。針葉樹パルプに比べて広葉樹パルプは繊維が短いため、強度の面では劣りますが、紙にしたときにそのきめ細やかさから、平滑度が高くなり、主に印刷用紙として利用されます[9]。対して、針葉樹パルプは、強度の高さから、主に梱包用紙等に利用されています[2]。また、上質紙を代表とする一般的な紙には広葉樹が主体となりますが、風合いの変化や強度面の補強で針葉樹を混ぜる場合があることが報告されています[10]。

一方、弘前大学や地元企業などでつくるひろさき産学官連携フォーラム内「りんご／さくら和紙研究会」は、2023年1月28日～2月5日にかけて青森県八戸市や南部町で開催された「特別国民体育大会冬季大会」向けの表彰状として、図3に示した未利用資源であるりんご剪定枝を原料にした「りんご剪定枝和紙」を提供しました。表彰状は「オール青森」を目標に作製され、具体的には県内のりんご剪定枝から作製したパルプおよび、青森県・岩手県産材の針葉樹パルプを主原料として作製されました。そこに至るまでどの条件が良いのか検討した内容等について説明します。

りんご剪定枝は2021年4月に青森県弘前市内にて剪定されたものを用い、大型チッパーを利用して、作製した10mmのりんご剪定枝チップをパルプ化しました。また紙化は、直径約500mmのタライの中に、上記で得たりんご剪定枝パルプ、楮パルプ、針葉樹パルプ（三菱製紙社製）を混合したものと、とろろあおい（和紙をすくとき長繊維が沈降するのを防ぎ、これを均等に分散させ、重ね合わせた和紙の接着を防ぐために用いる粘質物[8]）を溶かした水道水を投入し、150mm ×100mmの漉桁（すきたけ）を用いて「溜め漉き」という技法により紙漉きしました。この時、りんご剪定枝パルプの混合率は10%、

図３　提供した表彰状

20%、30%、40%、楮パルプの混合率は30%、針葉樹パルプはその残り分を混合しました。またパルプの物性評価として、繊維長、紙の物性評価として、色差を測定しました。

図4および図5にりんご剪定枝パルプおよび針葉樹パルプの画像を示します。両繊維とも細長い形状でした。また、これらの画像を用いて測定した繊維長（平均値±標準偏差）ですが、前者が0.52±0.22mm、後者が2.45±0.70mm であることが分かりました。この結果から、使用したりんご剪定枝パルプと針葉樹パルプの繊維長の差は4.7倍であることが確認されました。守屋らは、63種類の木材をパルプ化し、それらの繊維長を測定したところ0.6～2.6mm の範囲にあったことを報告しています[11]。使用した針葉樹パルプはこの範囲に含まれており、りんご剪定枝パルプの繊維長は、範囲内には含まれないものの、近い値であることが分かりました。また各紙の色差ですが、L*a*b* 色空間（L* 値：明度、a* 値：＋赤～－緑、b* 値：＋黄色～－青[12]）の内、L* 値はりんご剪定枝の混合率が高くなるに従って低くなる傾向を示しました。一方、a* 値は楮の混合率が高くなるに従って高くなる傾向を示す事が分かりました。「特別国民体育大会冬季大会」では、これらの中より最適な条件を選定し、表彰状を提供することができました。

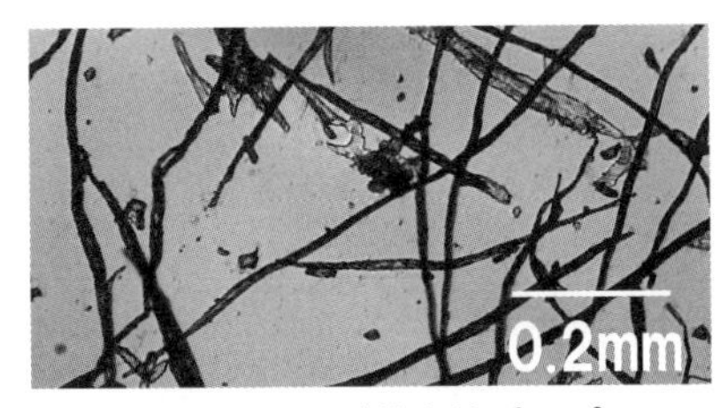

図4　りんご剪定枝パルプ

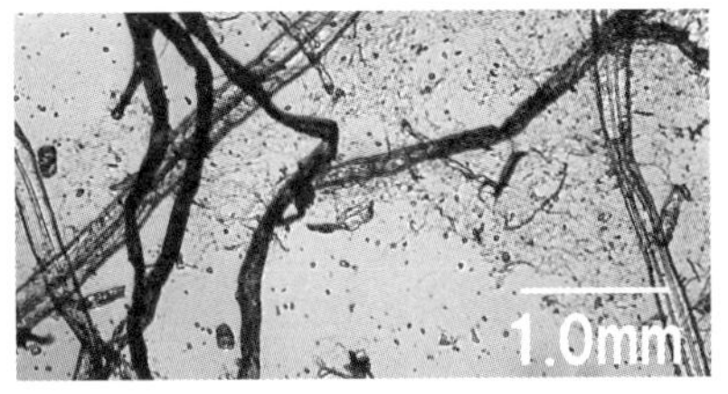

図5　針葉樹パルプ

2．量産化

令和3年度は「むつ小川原地域・産業振興プロジェクト支援助成事業」の助成を受け、量産化を目指して機械漉きを検討しました。その結果、機械による試作をすることができました。また、試作した紙を用いて、りんごジュース用のラベルや貼箱等への利用を検討し、農業協同組合（ＪＡ）相馬

図６　試作したりんごジュース用のラベルや貼箱

村や地域企業の協力のもと、図5に示した試作品を作製することができました。そこに至るまでに検討した内容等について説明したいと思います。

パルプ化までの工程は上記と同様の方法で行いました。また紙化は、りんご剪定枝パルプを50％、針葉樹パルプを50％で混合し、抄紙機を用いて行い、りんご剪定枝パルプの繊維長、紙の表面観察、坪量、引張強さを測定しました。また、市販品Ａおよび市販品Ｂと比較しました。図7に紙の表面画像を示します。りんご機械漉き和紙の表面では、りんご剪定枝パルプと針葉樹パルプが複雑に絡んでいる様子が観察されました。図8に引張強さを示します。りんご機械漉き和紙が幅1m当たり4.00kNで破断するのに対して、市販品Ａが3.82kN/m、市販品Ｂが5.60kN/mであり、市販品と比較しても遜色のない値となりました。今後、生産体制を整え、販売を目指していきたいと思っています。

図７　りんご剪定枝和紙の表面

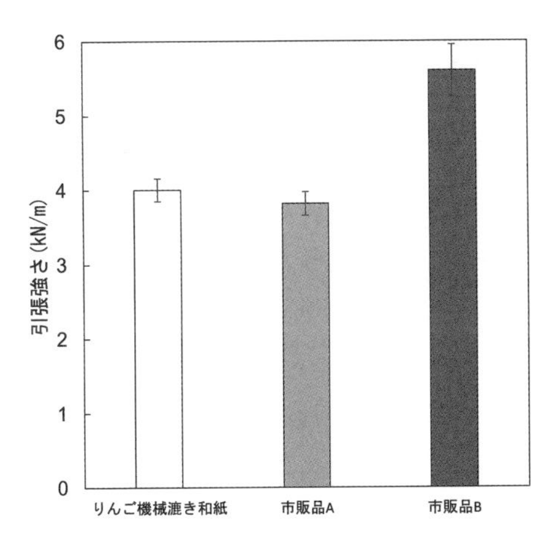

図８　各紙の引張強さ（n=5）

活性炭

岸田文雄首相は、2030年までに温室効果ガスの排出を2013年度に比べて46％削減する等、脱炭素社会・カーボンニュートラルの実現を目指すと宣言しました。またこれを目指す上で、蓄電池、再エネ等あらゆる選択肢を追求し、将来にわたって安定的で安価なエネルギー供給を確保、更なる経済成長に繋げていくことが重要と述べています[13]。上記した蓄電池の中で、更なる性能向上が期待されるデバイスとして、電気二重層キャパシタがあります。キャパシタの応用事例として、①太陽光発電や風力発電などの再生エネルギーの電力貯蔵、②車両などが減速する際に生じるエネルギーを蓄電デバイスに回収し、再利用するエネルギー回生、③急速に進んでいる自動車の電動化等が想定されます[14]。

キャパシタ電極の主原料である活性炭に関して、その発達の歴史を見ると、その用途は飲食料品の精製および風味の改善、医薬、防毒マスクなど、衛生および保健といった生活に密着した、ごく身辺から出発し、その後必要に迫られ、次第に応用範囲を拡大して発展してきました[15)]。また近年では、リチウムイオン二次電池や電気二重層キャパシタ用電極などへの応用が開かれ、それらの用途に応じた最適な細孔分布を得るための各種の製造および細孔制御プロセスが研究されています[16)]。前者は、例えば日本水道協会規格（JWWA K113-1974）における上水処理用活性炭の選定基準は比表面積が800～1100m^2/g[17)] であり、求められる物性に比較的幅を有しているため、製造時において高い精度は求められないと考えられます。一方、後者は、活性炭の細孔物性の違いがその性能に大きく影響を及ぼすことから、製造時において高い精度が求められると想定されます。

既報[18)] の通り、活性炭製造条件とメソ孔容積等の細孔物性との関係を見ると、りんご剪定枝活性炭の方が市販活性炭よりも決定係数は高いため、高い精度で活性炭を製造可能と推察されることより、電気二重層キャパシタの電極材等への用途が期待されます。しかし、これまでの研究において、りんご剪定枝を原料とした活性炭を電気二重層キャパシタに用いるための研究は行われていないのが現状です。そこで我々は、りんご剪定枝を原料とした活性炭から電気二重層キャパシタを作製、市販活性炭とともに細孔物性やキャパシタ性能を調べ、両者を比較検討しました。その結果、ある条件で作製したりんご剪定枝活性炭は、市販品と同程度の性能を示しました。また一定の範囲のミクロ孔（2nm 以下の孔）を多く有する活性炭が高いキャパシタ性能を有することが分かりました。今後、得られた知見を活かし、りんご剪定枝を原料とした活性炭による電気二重層キャパシタへの応用を図っていく予定です。

今後の展開

ＰＣケース、紙、活性炭に焦点を当て、地域の企業の皆様と研究した内容についてご紹介させて頂きました。更に色々な技術的手段を駆使し、その効用を発生させ、または増加させて、その利用価値を増殖する生産行為を推進することで、地域の産業振興に貢献していきたいと考えています。

参考文献

1）梶田茂編『木材工学』養賢堂、1961年、799頁。
2）青森県『未利用バイオマス（りんご剪定枝・もみ殻）収集運搬システム構築及び機器開発に関する調査』青森県、2011年、4頁。
3）社団法人文教施設協会『木材を活用した学校用家具の事例集』文部科学省、2005年、11-12頁。
4）船水清『わがふるさと 新津軽風土記第4編』陸奥新報社、1963年、372-377頁。
5）花田要一「津軽の紙漉（1〜8)」、『百万塔』紙の博物館機関誌、53号、1982年、1頁他。
6）農林水産省「バイオマスの活用をめぐる状況」(https://www.maff.go.jp/j/shokusan/biomass/attach/pdf/index-96.pdf、最終閲覧日2021年1月5日)。
7）青森県『青森県バイオマス活用推進計画』農林水産省、2011年、7頁。
8）日本工業標準調査会『JIS P0001 1998年 紙・板紙及びパルプ用語』日本規格協会、1998年。
9）畑幸徳「広葉樹パルプを使用せる紙の印刷適性」、『紙パ技協誌』紙パルプ技術協会、第15巻第2号、1961年、105-108頁。
10）木村篤樹『紙メディアの未来と動向』日本画像学会誌、第56巻第5号、2017年、530-536頁。
11）守屋正夫「木材繊維の形態的特性と紙の性質について」、『紙パ技協誌』紙パルプ技術協会、第21巻第3号、1967年、141-150頁。
12）妹尾拓司、橋本晋輔、三ツ井奨一朗、山本涼平、猪谷富雄「紫稲および黄稲系統の品種特性ならびに色素発現に及ぼす光の影響」、『日本作物学会紀事』日本作物学会、第90巻第2号、2021年、182-193頁。
13）首相官邸HP（http://www.kantei.go.jp/jp/headline/seisaku_kishida/seichousenryaku.html　最終閲覧日2022年5月17日）。
14）古賀淳史「電気二重層キャパシタの技術動向」、『表面と真空』公益社団法人日本表面真空学会、62巻12号、2019年、714-717頁。
15）柳井弘、石崎信男『活性炭読本 第2版』日刊工業新聞社、1999年、157頁。
16）森下隆広、鈴木理恵子、津村朋樹、幅崎浩樹「熱可塑性樹脂とマグネシウム塩混合物からの賦活処理を経ないメソポーラスカーボンの調製」、『炭素』炭素材料学会、2006巻223号、2006年、220-226頁。
17）日本水道協会「日本水道協会規格 JWWA K113-1974水道用粉末活性炭試験方法」、『Journal of Japan Water Works Association』日本水道協会、1975年、116-

129頁。
18）廣瀬孝、岡山透「ペレット化したリンゴ剪定枝を原料とした活性炭の物性」、『日本素材物性学会誌』日本素材物性学会誌、第29巻第1/2号、2018年、12-16頁。

おすすめの本

・船水清『わがふるさと：新津軽風土記第4編』陸奥新報社、1963年。

Lecture 2　経営学の学びを通して日々の活動を豊かにしていく

― 理論をつかっていこう ―

大倉　邦夫

経営学という学問

みなさんはこれまでの生活の中で、経営学という言葉を見たり聞いたりしたことはあるでしょうか。経営学とは企業をはじめとする多様な組織を運営し、成功へと導くためにはどうしたら良いのか、こうした疑問を明らかにする学問です。ただし、企業を成功へ導く、と言っても多くの問題が複雑に絡んでいます。例えば、企業は何かしらの製品やサービスを生み出し、販売していますが、日々ライバル企業と激しい競争を繰り広げています。企業はそうした競争に勝ち抜くための戦略を考えていく必要があります。また、企業は従業員の協力によって運営されています。従業員にとって働きがいのある職場環境が整備されていなければ、従業員は企業のために一生懸命働こうとする意欲は湧いてこないでしょう。さらに、企業が製品やサービスを作り出したとしても、それらの宣伝広告活動がうまく展開できなければ、自分たちにとって自信のある製品やサービスも消費者に認識されず、収益に結びつくことはありません。

このように、企業は収益を生み出し、持続的な経営活動を実現していくにあたり、さまざまな問題に取り組んでいく必要があります。経営学では、こうした企業が直面する問題に対応するため、図1のように専門分野が細かく分かれています。この図は、経営学のすべての専門分野を網羅しているわけ

おおくら　くにお　　人文社会科学部 ビジネスマネジメント　准教授
現在は、企業やＮＰＯがビジネスの方法を用いて、地球環境問題や地域活性化などのＳＤＧｓに掲げられている社会的課題の解決に取り組む「ソーシャル・ビジネス」というテーマについて研究しています。

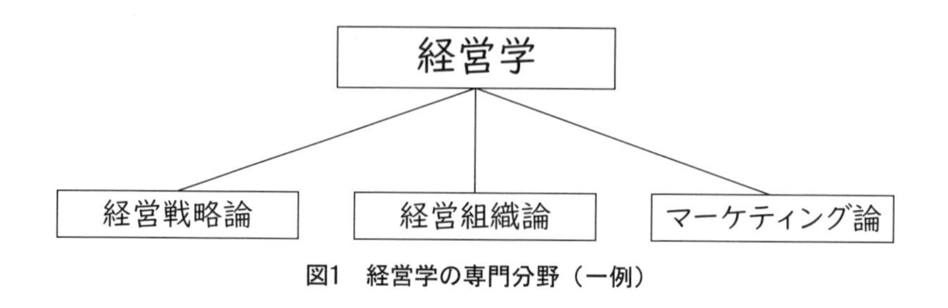

図1　経営学の専門分野（一例）

ではなく、主要な一部の分野を示したものとなります。ここでは、それらの主要な分野について説明をします。

経営学の主要な専門分野

企業の経営者は将来企業をどのように成長させたいのか、理想とする将来像に到達するためにはどのような行動が必要なのかの計画を描く必要があります。そうした計画のことを経営戦略と呼びます。経営者は従業員が組織の中で迷わずに行動できるよう、経営戦略を明確に示し、それを通じて従業員の進むべき方向性を定めなければなりません。経営戦略論は、企業の経営戦略をいかに策定したら良いのかという問題を研究しています。

次に、経営組織論では企業の中で働く従業員のモチベーションや企業の業務を効率的に遂行するためのルールや仕組みに注目しています。例えば、経営者がいくら素晴らしい経営戦略を描いたとしても、働いている従業員のモチベーションが低い場合、その経営戦略は十分に実行されないことになります。また、職場において業務を遂行するための基本的なマニュアルが整備されず、個々人の役割や責任が曖昧な状況では、業務に混乱が生じ、効率性が低下することになります。経営組織論では企業の中で従業員が気持ち良く快適に働き、従業員の創造性を発揮できるための方策を研究しています。

そして、マーケティング論という分野では企業が顧客から評価される製品やサービスを作り、その製品やサービスの価値を顧客に効果的に伝えていくための方策を探求しています。企業は顧客から評価される製品やサービスを作り出すためには独りよがりにならず、顧客のニーズをきちんと理解する必要があります。顧客がなぜどのようにして製品やサービスを購入するのかという、顧客の消費行動などをマーケティング論では考えていきます。その他、企業はテレビや新聞、雑誌だけではなく、スマートフォンやＰＣでのインターネット、動画配信サービスなどさまざまな媒体を通じて自分たちの製品やサービスを宣伝広告しています。マーケティング論は企業がターゲットとしている顧客に対して、どのような媒体をいかに活用したら良いのかという問題にも注目しています。

以上、簡単ではありますが、経営学の主要な専門分野の概要を確認してき

経営戦略論	・・・	従業員の進むべき方向を定める企業の経営戦略の策定という問題を研究
経営組織論	・・・	従業員のモチベーションの問題や組織内の業務を効率的に管理するための方法・仕組みを研究
マーケティング論	・・・	顧客から評価される製品やサービスを作り、それらの価値を顧客に効果的に伝えていくための方策を研究

図２　各専門分野の概要

ました（図2）。経営学は基本的には企業を対象に研究を行っていますが、経営学の研究の成果は行政や学校など企業以外の組織にも応用されていますし、みなさんが大学で所属するかもしれないサークルや部活、バイトなどの身近な活動にも示唆を与えてくれるものでもあります。そこで、ここからは私の専門分野の一つでもある経営組織論の研究をもう少し詳しく説明し、日々の活動にどのように結びつくのかをみていきましょう。

目標設定理論という考え方

先に述べたように、経営組織論では企業の中で働く従業員のモチベーションの問題に注目しており、特に従業員のモチベーションを向上させる要因の解明に取り組んできました。代表的な研究として目標設定理論があげられま

すが、これはモチベーションに対する目標の重要性を指摘する考え方です。目標設定理論のポイントは、具体的かつ個人がワクワクするような目標を設定してあげることが個人のモチベーションを高めるというものです[1]。

また、目標設定理論では個人のモチベーションを高める条件として次の4点が示されています。第1に目標の特定性です。個人の目標を設定するにあたり、漠然とした目標よりも具体的で特定化された目標の方がモチベーションを向上させることが明らかになっています。第2の条件は目標の困難性です。これは、個人にとって達成可能で、かつ挑戦的な目標を設定することの重要性を示唆しています。目標は簡単すぎても困難すぎても個人のモチベーションにはマイナスの影響を与えることになり、その個人にとってやや背伸びをするような目標を設定することが効果的となります。第3に個人を目標の設定に参加させるというものです。企業においてある個人の目標を設定する際に、その人自身が関わることが重要になります。上司から目標をすべて決められるのではなく、自分自身が主体的に目標の設定に参加することで、自分にとっても受け入れることのできる目標を決めることができます。目標というものは、個人にとって受け入れられるものでなければならないことを目標設定理論は指摘しています。そして第4の条件として適切なフィードバックがあげられます。個人は設定された目標に向かい、努力を続けていきますが、上司や先輩、同僚から適宜フィードバックを与えられることによって自分自身の目標の達成度がわかり、未達成の場合には目標達成への取り組み方法を修正していきます。フィードバックがなければ、個人は自分が目標に向かってきちんと取り組めているのかどうか不安になり、場合によっては修正の方法が分からなくなってしまいます。その結果、モチベーションを低下させることになります。

目標設定理論は、企業においてこうした4点を意識して個人の目標を設定したり、目標達成の進捗状況を管理したりすることで、働いている人たちのモチベーションが向上することをさまざまな実験で確認しています（図3）。

①目標の特定性　・・・具体的で特定化された目標の設定
②目標の困難性　・・・達成可能で挑戦的な目標の設定
③目標への参加　・・・自分自身で目標を決める
④適切なフィードバック　・・・上司や先輩から目標の達成状況や取り組みの改善方法を伝える

図３　目標設定理論の４つのポイント

内発的動機づけ：活動の楽しさ・やりがい

個人のモチベーションに関しては内発的動機づけという考え方も注目されています。内発的動機づけとは、人々がやっていることそのものに動機づけられることです。例えば、長時間ゲームに熱中している子どもは、親から小遣いをもらうことが目的でないのであれば、ゲームの楽しさそれ自体に動機づけられていると言えます。図4のように、企業においても取り組んでいる仕事やプロジェクトそのものの楽しさ、やりがいからモチベーションを高め一生懸命働く人もいます。このように内発的動機づけによって、何かしらの活動に取り組んでいる場合、個人のモチベーションは大きく向上することを経営組織論の研究で明らかにしています[2)]。

図４　内発的動機づけの考え方

経営組織論の研究では個人の内発的動機づけを引き出すためのポイントの一つとして、「自信」をつけさせることをあげています。これは、「根拠のない自信」ではなく、仕事内容を理解したり、過去の成功体験を自分なりに分析したりといった冷静な自己分析に基づいて、「これくらいの仕事ならできそうだ」と思う自信のことです。そして、そうした自信をつけさせるためには、①試行錯誤を繰り返しながら自分で仕事をやり遂げること、②上司、先輩、同僚など自分のまわりでうまく仕事をこなしている人の様子を観察して、それをまねることで学習すること、③周囲の人間による励まし（褒めて育てる)、という3点が重要になります。自分で仕事をやり遂げたという経験はその人の自信に結びつくでしょう。また、仕事がうまくできない状況においては自分自身の周囲をよく観察することも大切になります。自分の上司や先輩など、うまく仕事をこなしている人たちの行動をじっくり観察したり、積極的に相談したりすることで、仕事を効率的に進めるためのヒントを学ぶことができます。さらに、部下をもつ上司の立場としては、部下の自信をつけさせるにあたり、部下の仕事ぶりを適切に評価し、その成果をきちんと褒めてあげることが必要になります。上司から評価され、褒められた部下からすると、仕事に対する自信を深め、仕事の楽しさ、やりがいを認識するようになっていきます。これは、目標設定理論でも示されていたフィードバックと関係するものと言えます。

経営学を日々の活動に応用してみる

経営組織論では企業という組織の中で生じるさまざまな問題に注目しており、今回はその中でも働く人のモチベーションという問題に関する研究を取り上げました。目標設定理論や内発的動機づけという考え方は主に企業を対象とした調査・研究によって導き出されたものですが、そこでの研究成果はわれわれの日々の活動にも応用することができます。

例えば、みなさんも部活やサークルなどで日々一生懸命活動しているでしょうが、その中で自分自身のモチベーションや、他のメンバーのモチベーションについて思い悩むこともあるのではないでしょうか。特に、部活やサークルのメンバーのモチベーションが全体的に低下している状況においては、今回取り上げた目標設定理論や内発的動機づけを活用してみてください。目標設定理論が示すように、部活やサークルの活動に関する具体的かつ挑戦的な目標を設定してみたり、その目標の達成状況について部員間で相互にフィードバックを送り合ったりすることがメンバーのモチベーションを高めるきっかけになるでしょう。また、部活やサークルに新しく入ってきたメンバーは活動の楽しさ、やりがいをしっかり理解していないことも多いでしょう。そうした際には、直接活動の魅力を伝えることに加え、内発的動機づけの研究が示すように自信をつけさせるような取り組みが効果的になります。具体的な取り組みとしては、新しいメンバーが先輩たちの活動をじっくり観察できるような機会を用意したり、先輩たちが定期的に新しいメンバーにフィードバックを伝えたりすることが考えられるでしょう。

経営学を学ぶということ

経営学は「実践」に結びつく学問であり、学びを通して身につけた知識はこれからのみなさんの活動に役立つこととなります。みなさんの多くは大学を卒業した後、就職することになるでしょう。仕事の中で同僚や後輩のモチベーションを高めることが求められるような状況もあるかもしれません。その際には経営組織論の研究の成果が、職場のモチベーションの問題の解決に貢献すると考えられます。また、新しい製品の企画を考えたり、その宣伝広告のアイデアを提案したりするような仕事を担うこともあるでしょう。そうした仕事においては顧客のニーズを把握し、製品の価値を伝えるための方策を研究しているマーケティング論の成果が参考になるはずです。

このように、経営学は知識として蓄えるだけではなく、その知識を実践に活用することが大切になります。弘前大学人文社会科学部では、経営学に関

図５　人文社会科学部「ビジネス戦略実習」の活動風景（口絵２）

するさまざまな専門分野の講義が行われており、その中でも経営学の知識を企業や行政の課題解決に実践する、ビジネス戦略実習という実習科目も展開しています（図5）。みなさんには大学で経営学の理論を幅広く学び、複数の視点から物事を捉える力や、学んだ知識を日々の活動に応用できるような力を身につけることを期待しています。

参考文献

１）中川功一、佐々木将人、服部泰宏『考える経営学』有斐閣ストゥディア、2021年。
２）鈴木竜太、服部泰宏『組織行動：組織の中の人間行動を探る』有斐閣ストゥディア、2019年。

おすすめの本

・苅谷剛彦『知的複眼思考法：誰でも持っている創造力のスイッチ』講談社、2002年。

Lecture 3　重力波研究の発展
— 種まき・芽生え・そして開花 —

浅田　秀樹

大学で研究することの魅力

企業の活動目的は収益を上げることです。したがって、企業における研究対象は、近い将来に収益につながるようなことに限定されがちです。一方、大学は知的探求の場ですから、筆者のような社会生活とは直接関係しない宇宙を研究する人間も働いています。大学で研究することの魅力のひとつは、未解決の課題に挑戦できることです。筆者は、宇宙分野の中でもかなり浮世離れした一般相対性理論（アインシュタインが1915年に作った重力理論）に関連した宇宙物理学の基礎研究を行っています。

高校生ないし大学に入学したての学生が持つ疑問のひとつは、「どの研究分野に進めばよいか」ではないでしょうか。どういう分野が今後成長していくかという見極めが大変重要となってきます。最終的な研究分野の選択は、本人の能力・性格・適正などにも依存します。

しかし、正直なところ、いまの高校生が40歳過ぎのベテラン研究者になっている頃に流行っている研究テーマを言い当てられる科学者はいないだろうと思います。予想する人はいますが、その予測は必ずしも当たらないでしょう。既に確立した研究分野は30年後にも多くが生き残っているはずですが、現在の栄光は過去のものになっているはずです。30年間に新発見がなされて、その発見が新しい研究分野を創出するからです。

画期的な新発見が何で、そしてそれがいつ起こるか誰にも分かりません。しかし、大学で学んでいると、新しい研究分野が芽生えるときの「香り」を

あさだ　ひでき　　理工学研究科 数物科学科　教授
京都市出身。専門は、一般相対性理論および重力理論に関係する宇宙物理学の理論研究。特に、重力波および重力レンズを主に研究。

嗅ぐことがあります。このレクチャーでは、筆者の研究分野における或る研究テーマの歴史を紹介します。その研究テーマは、そのテーマが創出された時代から、芽生えの時代を経て、現在、黄金期に入っています。この例が、皆さんが在籍する学部・学科等での学びの中で、これから黄金期を迎えるような研究テーマに巡り会える参考になればと考えます。

時間と空間が振動する？

このレクチャーで取り上げる研究テーマは、重力波（「じゅうりょくは」と読みます）です。重力波は、冒頭で述べた一般相対性理論が予言した波動現象です。まず、波動現象を思い出してください。風のないときに、静かな水面に小石を投げ込むと水面に波が立ちます。あるいは、我々の会話は、発した声が空気中の振動によって他人に届くことで成立します。つまり、音（あるいは音波）は、空気（水中の場合は、水）の振動現象なのです。

重力波は文字通り、重力に関係する波動現象です。では、重力とは何でしょうか？　重力とは、質量をもった物体どうしを引き付ける力のことで、この重力は、最初、ニュートンによって「万有引力の法則」として発見されました。しかし、この法則では、力は波として伝わりません。

1915年、重力を説明する新しい理論が提案されました。それは、アインシュタインが発表した一般相対性理論です。重力波の説明に入る前に、この理論を簡単に紹介します。この理論によれば、我々の住む宇宙の時間と空間が（目には見えないくら

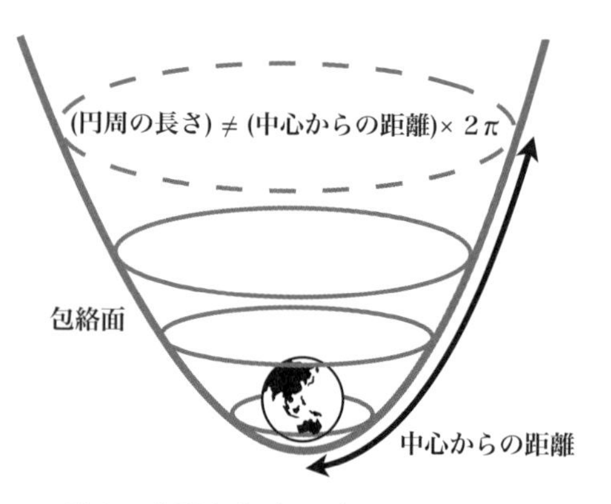

図1　空間の曲がりの概念図（口絵3）

天体の重力によって周りの空間が曲がるイメージ図。視認できるよう、曲がり具合は実際より大きく誇張しています。包絡面（灰色の太線で表示した曲面）の上で測ると、円の半径（包絡面の上での距離）と円周の長さの比が円周率πの2倍とは異なります。

いの微小なレベルで）曲がっていることが重力の原因です（図1）。曲がっている時間と空間の中を物体が運動すれば、あたかも力を受けているような振る舞いをするのです。詳細を省きますが、一般相対性理論、つまり、「時間と空間が曲がっていること」は、数多くの実験的証拠によって確かめられています[1,2]。

この曲がった時間と空間は、鉄筋コンクリートの構造物のような硬いものではありません。時間と空間の曲がり具合は、そこに存在する天体の質量やその運動によって生じるからです。つまり、天体が静止している場合、曲がり方は時間的に同じままですが、天体が運動していれば、それに応じて曲がりの大きさは時間的に変化します。この時間と空間の曲がり具合の振動の波が、重力波とよばれるものです。たとえば、重力波が通過すると、空間がある方向に伸び縮みします。

この重力波という概念自体、一般相対性理論の創始者であるアインシュタイン自身が発見しました。しかし、その後の研究によって、この重力波による「時間と空間の曲がりの振動」が小さ過ぎて、実験的に確かめることは不可能だと信じられていました。

ようやく、理論予想から半世紀以上もたった1970年代になり、その重力波の検出に挑む研究者が現れました。ウェーバーという米国の実験物理学者です。しかし、彼の実験装置の検出感度が全く不足していたため、成功には至りませんでした。

実は、そもそも重力波が検出可能となるレベルの天体現象は、1970年時点でほとんど知られていませんでした。例えば、太陽系を考えてみましょう。地球は365日をかけて太陽の周りを公転します。大雑把に言えば、地球の公転が生み出す重力波は1年周期の振動です。理論計算によれば、重力波は光の速度で進みますから、1年の振動で生じる重力波の波の長さ（「波長」とよぶ）は、1光年もの長さになります。太陽系にもっとも近い恒星までの距離が、約4光年ですから、この重力波の波長がとても長いことが分かります。もちろん、地上の実験室の装置で、こんなに長い波を検出するのは無理です。だからこそ、「重力波観測は不可能だ」の雰囲気が当時の天文学者の間に蔓延していました。

停滞期を吹き飛ばす発見がありました。米国の大学院学生だったハルスとその指導教員のテーラーの発見です。なんと、太陽と同じくらいの質量を持った二つの天体が互いの周りを約8時間で公転する「連星パルサー」とよばれる新種の天体が、偶然、見つかったのです。「8時間」は誤植ではありません。我々の1日の間に約3回も公転するのです。残念ながら、その重力波の波長はとても長く、地球と木星間の距離の約10倍もあり、実験的に検出することは現在でも不可能です。それでも、重力波観測と関連したのです！

スマホを思い出してください。充電したスマホでも、長時間通話（あるいは、インターネット）すると、電池が減りますよね。電波を飛ばすと、その分、蓄えておいた電気のエネルギーを消費するからです。電波は電気的なエネルギーを運びます。同様に、重力波は、時間と空間の曲がりの形で蓄えていた重力のエネルギーを持ち去ります。上述の連星パルサーにおいて、蓄えていたエネルギーが減少する結果、天体の公転周期が短くなることが数年間の観測で実証されました。つまり、重力波の存在に対する間接的証拠が得られました（図2）。

図２　重力波による連星の接近
時間と共に公転半径が短くなります。この現象はインスパイラルとよばれます。

存在するならば、次の段階として「直接観測（検出）したい」と考えるのが人間の知性です[1)]。以降、検出に至るまでを振り返りましょう。

1990年代の雰囲気

1970年代、直接観測するための実験装置が殆ど存在しませんでした。そもそも、どんな実験装置を作らないといけないかさえ、理解されていませんでした。世界の研究者たちが集まり、勉強会を開きました。その参加者の中にソーンとバイスが居ました。ソーンは一般相対性理論の理論家で、彼自身は実験装置を作成しませんでしたが、理論計算によって、直接検出に最適な検出器の概念を確立しました。一方、バイスは物理実験の装置開発の専門家で、レーザー型重力波検出器の開発を主導しました。

その勉強会から20年経っても最初の検出器さえ作られませんでした。それでも、彼らがこうした基礎研究を続けられた理由は、米国の研究環境、特にＮＳＦ（米国国立科学財団）の支援の素晴らしさです。何度も大型予算の獲得に失敗したのち、ようやく、1991年、約2千万ドル（約20億円）の初年度予算が認められ、その後、約4億ドル（約400億円）の巨額の予算が米国議会で承認され、人類初の大型検出器の建設がスタートしたのです。1辺の長さが約4キロメートルの「L字型」のレーザー型検出器で、ライゴ（LIGO）とよばれるものです。

予算折衝が難航していた1993年、ノーベル物理学賞がハルスとテーラーに与えられたことが、ライゴ建設への追い風になったことは想像に難くないでしょう。その受賞は、「次は重力波の直接検出」というノーベル賞選考委員会からの応援メッセージに感じられます。

ちなみに、1996年、当時大学院生だった筆者は、重力波研究で有名な日本人研究者らと共にカリフォルニア工科大学のソーン教授の研究室を訪問しました。日米の重力波研究者の顔合わせを兼ねた勉強会だったと記憶しています。そこで、ＰＣプロジェクターなど存在しない時代だったので、私は黒板に数式をチョークで書きながら自身の研究成果を説明しました。説明を終えると、中央に座っていたソーン先生が質問してくださいました。英語を聞き取れなかった私の代わりに、大阪大学のA教授が返答してくださいました。会議後、A教授から「面白い計算結果だ。公表していないのであれば、論文にしたほうがよい」とのアドバイスだったと教えていただきました。

大きな実験装置を開発するときには、そうした研究をサポートする理論は追い風になります。当時学生だった私にはピンと来なかったのですが、その意味で、重力波研究に関する私の数式に興味を持ってもらえたようです。当時、大変嬉しかったことを覚えています。

一方、ソーン教授の隣に座っていた出席者（私の記憶では、マサチューセッツ工科大学から来ていたバイス教授）は、私の発表で数式を書き始めた途端、目をつぶってしまいました。どうやら、実験装置を開発する段階では、私の抽象的な数式は必要ないようでした。

後日、私の博士の学位取得に対する審査会が行われました。数名の審査員の前で私が説明を終えたあとの質疑において、審査員のうち物理実験の専門家から、「今回の博士論文での数式はどんな役に立つのですか？」との質問が出ました。その時点ではその数式と重力波実験との具体的な関係が明らかでなかったため、私が返答に窮していると、別の審査員で京都大学のＢ教授から「この数式をソーン教授が誉めていた」との趣旨の発言がありました。質問者である審査員が「有名なソーン教授が評価したのであれば、研究意義に問題なし」という主観的な考えに納得し、私が呆気にとられている間に、満場一致で私の博士論文は審査に合格しました。観測データどころか、観測装置さえ存在しなかった時代で、重力波の研究はのどかな雰囲気でした。観測データが多数存在する現在ならば、「この数式は観測を何パーセントの精度で説明できます」のような客観的な議論が必要です。ちなみに、Ｂ教授は、当時大学院生だった私をソーン教授らとの日米合同の勉強会に誘ってくださった（彼が代表者である研究費から私の渡航費用を支援してくださった）私の恩人ともいえる人物です。

2015年、ついに重力波の初検出

1995年から日本でも検出器TAMA300が建設され、1999年に観測を開始しました。しかし、300メートルと小型のため、初検出には至りませんでした。日本に遅れて、米国のライゴは2002年から2010年頃まで観測を行いましたが、未検出でした。ＮＳＦから装置のアップデートのための大型予算の追加が承認され、改良版のライゴの観測が2015年夏に開始しました。

2016年2月、ライゴチームが記者発表を行いました。重力波初検出の報告でした。さらに、それは、2個のブラックホールからなる連星の発見でもありました。それまでも、ブラックホールに周辺の恒星から物質が落ち込むときに電磁波などが発生して、それが観測されることはありました。

しかし、純粋なブラックホール2個の場合、電磁波が生じないため、従来の天文観測でそれを見つけることは原理的に不可能です。しかし、ブラックホール連星で生じた時間と空間の曲がりの振動が約10億年をかけて宇宙空間を伝わり、重力波検出器を用いて観測できたのです。ちなみに、初検出は改良版のライゴの観測開始直後の2015年9月でした。彼らは慎重にデータを解析して、そのデータがノイズによるものでなく、宇宙からの重力波シグナルであることを証明したのです[2)]。

この発見の科学界に対する衝撃の大きさは、この初観測のわずか2年後の2017年にノーベル物理学賞が与えられた事から明らかでしょう。そのときの受賞者3名のうち2名は、もちろん、ソーン教授とバイス教授です。

現在までのところ、重力波観測に成功しているのは、米国のライゴとヨーロッパ主導のバーゴ(Virgo）です。我が国のカグラ（KAGRA）検出器は地下に完全埋設された形式として、初検出を目指しています（図3)。この地下埋設型は、ノイズ低減に有利なため次世代型検出器として世界的に期待されています。

図３　カグラ重力波検出器
岐阜県飛騨市の山中の地下に設置された大型低温重力波望遠鏡（約3kmのL字型）
https://gwcenter.icrr.u-tokyo.ac.jp/wp-content/uploads/2019/11/Nikken-KAGRA.jpg

将来の重力波研究

2015年の初検出以降、次々と重力波が検出されています。中性子星どうしの合体からの重力波も検出されています。恒星や惑星の内部は、原子・分子から構成されています。一方、中性子星は、非常に高密度のため、原子が圧縮されて中性子ばかりで構成されている特殊な天体のことです。太陽の質量

図４　LISA スペース重力波望遠鏡
世界の研究者らが宇宙空間に設置を構想している重力波望遠鏡の概念図
https://sci.esa.int/web/lisa

と同程度にもかかわらず、大きさが10キロメートルしかありません。

こうした中性子星合体の場合、高密度物質どうしの衝突のため、ガンマ線、X 線、可視光、電波、などの多波長にわたる電磁波で観測されます。これにより、「マルチメッセンジャー天文学」という新しい研究分野が創出されました。天文学から物理学にまたがる学際領域分野です。この分野からも、将来、ノーベル物理学賞に選ばれるような成果が出るのは疑いありません。

以上の通り、重力波の研究は、約半世紀間のマイナーな時代を経て、黄金期を迎えつつあります。このように、脚光を浴びる研究には、地道な準備段階がつきものです。

最後に、弘前大学の研究グループの話を紹介します。重力波に関する将来の研究テーマにも取り組んでいます。このレクチャーでは、ライゴを中心とした地上に建設した重力波検出器に関する研究の流れを紹介しました。

重力波検出器を積載した人工衛星を打ち上げて、宇宙空間に検出器を配置する計画が国内外にあります（図4）。この場合、検出器の大きさは、地球の公転軌道くらいまで大きくできますから、ライゴなどの地上型検出器よりも長い波長の重力波が検出対象となります。

さらに、銀河系内のパルサーとよばれる電波を規則正しく発する天体を利用して、さらに長い波長の重力波の探査が既に始まっています。重力波が通過するとパルサーからの電波の到着が遅れることを利用して、重力波を検出する手法は、パルサータイミングアレイとよばれます。

そんなに長い波長の重力波は、当然、巨大な源で発生するはずです。その源の候補は、多くの銀河中心にあると考えられている超大質量ブラックホールの運動、あるいは宇宙誕生時に発生した原始重力波などです。

筆者らの研究グループは、パルサータイミングアレイを用いて重力波の到来方向を測量するための手法を検討しています(図5)。我々が発見した数式が実際に有効かどうか判明するのは、今後の研究次第です。

読者のみなさんが良い研究テーマに巡り会えることを願って、筆を置きます。

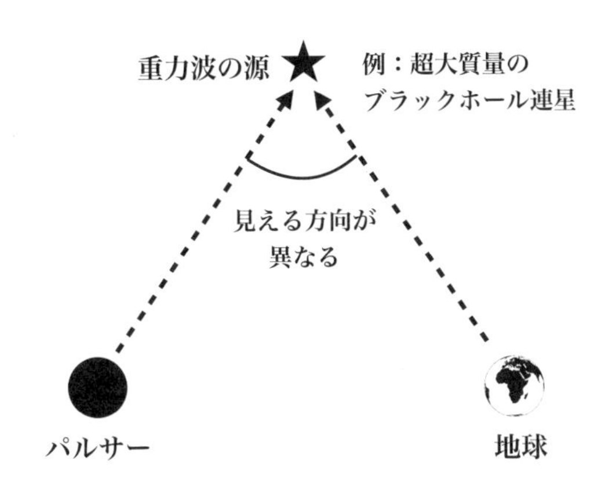

図５　重力波源が見える方向
同一の重力波源が見える方向などは、地上の観測所と遠方のパルサーからでは異なります。

参考文献

1）キップ・S・ソーン、林一、塚原周信訳『ブラックホールと時空の歪み：アインシュタインのとんでもない遺産』白揚社、1997年。
2）安東正樹、白水徹也、浅田秀樹、石橋明浩、小林努、真貝寿明、早田次郎、谷口啓介編『相対論と宇宙の事典』朝倉書店、2020年。

おすすめの本

・浅田秀樹『三体問題:天才たちを悩ませた400年の未解決問題』講談社、2021年。
・クリフォード・M・ウイル、松田卓也、二間瀬敏史訳『アインシュタインは正しかったか？』TBS ブリタニカ、1989年。
・ジャンナ・レヴィン、田沢恭子、松井信彦訳『重力波は歌う：アインシュタイン最後の宿題に挑んだ科学者たち』早川書房、2016年。

Lecture 4　沙漠で持続可能な農業を目指して

丸居　　篤

沙漠とは何か知っていますか？

そうです、雨が少ない不毛の地です。辞書をひくと「乾燥気候のため、植生がほとんど生育せず、岩石や砂礫からなる荒野」のように書かれています。曖昧な定義になっていて、砂沙漠、土沙漠、礫沙漠など色々あります。ここではあえて、「砂漠」ではなく水が少ないという意味の「沙漠」の文字を使っています。

沙漠のような場所を、数字で明確に定義している乾燥地という言葉があります。乾燥地の定義の方法はいくつかありますが、最近では国連が使用して

表１　乾燥度指数別の乾燥地の特徴

区分	乾燥度指数 Aridity Index	世界の陸地に対する割合 (%)	世界の人口に対する居住人口の割合 (%)
極乾燥地域 Hyper arid	< 0.05	6.6	1.7
乾燥地域 Arid	0.05 - 0.20	10.6	4.1
半乾燥地域 Semiarid	0.20 - 0.50	15.2	14.4
乾燥半湿潤地域 Dry subhumid	0.50 - 0.65	8.7	15.3
合計	0 - 0.65	41.1	35.5

（MA、2005[1] を一部改編）

まるい　あつし　　農学生命科学部 地球環境工学科　教授
福岡県出身。専門は農業水利学。国内外のさまざまなフィールドで作物生産に必要な水の量と水質について研究しています。

いる乾燥度指数（Aridity Index：ＡＩ）がよく使われます[1)]。年間の降水量を可能蒸発散量で割った比を指し、乾燥地を0.65よりも低い地域と定義しています。表1は乾燥地を乾燥度指数によってさらに細分化したものです。世界の陸地の41.1％が乾燥地で、世界の人口の35.5％が乾燥地に暮らしていることが分ります。

私が何度も訪れているモンゴル南西部ボグド（Bogd）村での乾燥度指数を考えてみます。2011年6月5日から2012年6月4日までの1年間の降水量を観測した結果93.9㎜でした。可能蒸発散量は、水が十分あった場合に蒸発および蒸散するであろう最大値です。蒸発散量とは蒸発と蒸散を合わせたもので、蒸散とは植物が大気中に水蒸気を放出することをさします。可能蒸発散量は日々の気温、湿度、風速、日照時間を計測すれば、ペンマン法という方法で計算できます。降水量と同じ期間で計算したところ1,529.5㎜でした。したがって、乾燥度指数は93.9/1,529.5＝0.061となり、極乾燥地域に近い乾燥地域に区分されることになります。

遊牧民の暮らし

このモンゴルの乾燥地の遊牧民の暮らしを紹介します。ボグド村は面積3,983㎢、人口3,000人弱の村です。ゲルと呼ばれるテントに住み、夏と冬で場所を移動します。ゲルには太陽光や風力による発電機を置いていたり、パラボラアンテナを取り付けてテレビを置いていることもあります。最近では携帯電話を持っている人も増えてきました。子供を学校に通わせたい場合は、子供と母親が村で暮らすこともあります。モンゴルでは、ウマ、ウシ、ヒツジ、ヤギ、ラクダが5大家畜と呼

図１　フタコブラクダ（家畜）

図２　カシミヤヤギ

ばれ、なんとフタコブラクダも家畜なんです（図1、図2)。図3から分かるように最近ではヤギの数が増えています。カシミヤヤギの毛の商品価値が高いからで、食用肉としても人気があります。

遊牧民の食事を紹介します。皆さん肉が大好きで、ヤギ等を丸々煮込んだ料理では、本当に骨の髄まで吸って食べつくします。次に家畜のミルク、ヨーグルト、チーズ等の乳製品をよく食べます。カッチカチに固まった保存食のチーズは子供・大人のおやつですが、日本人の歯と顎では太刀打ちできない硬さです。アイラグと呼ばれる馬乳を発酵させて作るヨーグルト状のお酒は酸味があって美味しく、ビタミン等の栄養素も豊富であることからも愛飲されています。それらを蒸留した酒はアルヒと呼ばれ、アルコール度数が高く、おもてなしの際によく振舞われます。モンゴリアンウォッカとも呼ばれ、酒豪で無ければ太刀打ちできないお酒です。よく飲まれるお酒はウォッカで、昼から飲んでいる人もいてアルコール依存症の問題が乾燥地でもみられます。その他、よく食べられる食事は、揚げパン、肉うどん、肉焼きそばです。小麦製品もよく食べるので、村の商店に小麦やカップ麺も置いてありますが、食肉以外はほぼ、中国、ロシア、韓国からの輸入製品になっています。根菜は販売されていますが、葉野菜は皆無ですので、食生活には課題がありそうです。

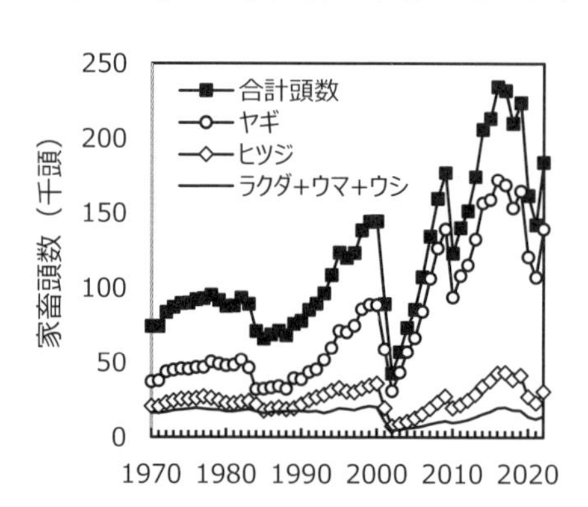

図３　ボグド村の家畜頭数の変化
（モンゴル国統計データベースより）

沙漠に興味をもったきっかけ

私は高校生の頃に、中村哲（なかむらてつ）さんや遠山正瑛（とおやませいえい）さんの講演を聞いたのをきっかけに沙漠や乾燥地の貧しい国における農業について興味を持つようになりました。

遠山さんは鳥取大学の教授で中国の内モンゴル自治区において広大な沙漠を緑化したことで知られています。中国のクブチ沙漠で2万haの土地に植林を行い、農業を行えるまでに復活させました。「沙漠緑化はやればできる、やらなければできない」という力強い言葉は、当時200万本のポプラの植林実績から説得力があり、いまでも覚えています。

中村さんは医者で、アフガニスタンを中心に慈善的に医療活動をされていたことで世界的に知られています。「何のために大学に行くのかよく考えなさい」「漫然と生きるな」というメッセージを頂いたと記憶しています。医者として乾燥地で医療活動に貢献しておられましたが、そもそも飲料水が足りないので病気が治らないことから、井戸掘りを始めます。その後、病気の大きな原因の一つが栄養不足であることから、食料生産活動を始めておられます。日本を中心に寄付金を集めて、25.5㎞におよぶ用水路を建設し、15,000haを開墾されました。その結果、60万人分のコムギを生産できるようになったそうです。非常に残念なことに2021年12月に凶弾に倒れましたが、その功績はアフガニスタンのみならず世界中で称えられています。

以上が、乾燥地の農業に興味をもつきっかけとなった理由です。皆さんは乾燥地で何が問題になっているかご存知でしょうか？　気候や食文化など地域によって差もあるのですが、様々な課題があります。私が活動するモンゴル南西部を事例に紹介したいと思います。

乾燥地の様々なリスク

1．水不足

そもそも降水量が少なく、乾燥しています。人々は深井戸の地下水や雪解け水由来の小河川に頼って生活しています。家庭にシャワーはありません。乾燥地では少ない水で暮らす人々の知恵がありますし、少ない水で生活できる動植物が存在しています。一方で干ばつが起こると様々な場面で影響が大きいです。

2．過放牧

主な生業は放牧です。モンゴルの5大家畜の中では前述のように、近年、カシミヤヤギの頭数が急激に増えています。カシミヤセーターの原料となるため、外貨を稼ぐことができるからです。基本的に夏と冬で居住区を変えて放牧をしていますが、餌場で小競り合いが増えてきていると現地の方は言います。

3．乱獲・伐採

乾燥地には希少で貴重な薬用植物もあります。カンゾウ（甘草）という漢方薬の約7割に使用される薬用植物が乾燥地の氾濫原等に分布しています。以前乱獲によって沙漠化した地域があり、現在は採取や輸出が規制されています。その他、木を伐採し、植林をしなかったために沙漠化した地域もあります。

4．気候変動

地球温暖化によって、極端な気候が頻発しています。降水量が減少傾向にあり、井戸、河川、湖などの水源が枯渇する事態が増えてきています。干ばつの後に元の植生に復旧しない状況も見られます。また、異常な冷気による家畜の死亡もあります。

改善するために

持続可能な農業のために重要なキーワードとして「レジリエンス」があります。起き上がりこぼしのように、倒れても回復できることが重要なのです。元に戻るか？　元に戻す構造にするにはどうすれば良いのか？を考えていく必要があります。

過放牧をやめること、これが効果的なことは明らかです。モンゴル科学アカデミーによるとモンゴルの乾燥地の平均放牧圧はヒツジ1.3頭 /ha です。ある研究結果[2] では、降水量187㎜の場所で持続可能な放牧圧はヒツジ0.7頭 / ha とされており、過放牧状態の可能性が大いにあります。過放牧をやめればいいのですが、生計がかかっているのでやめられません。何よりも遊牧を愛して生活していて、遊牧生活のためにはある程度の家畜頭数が必要になります。法律で家畜頭数を規制するという方法がありますが、そのような法案を考える議員は選ばれ難いです。

我々に何ができるのか？　これまで、劣化していく土地に対し、九州大学、長崎大学、モンゴル科学アカデミーと弘前大学による研究グループで改善策を考えてきました。主だったものとして、沙漠の緑化、カンゾウの栽培実験、子供への環境教育を紹介します。

沙漠の緑化

2013年5月より、砂利だらけで植生が何もない土地をフェンスで囲い、沙漠を緑化していく実験を開始しました。カンゾウのコロニーを復活させることを目標に、家畜糞を投入したり、粒度の小さい砂質土を投入したりして、保水性の高い土壌に改善を行いました。

様々な植物が育ち始めると、風で運ばれている砂を捕捉するようになり相乗効果で植生が回復していきました。何よりもフェンスで家畜を遮ったことが大きかったと考えています。細かい内容は記載しませんが、目標であったカンゾウのコロニーを生育させることに成功しました。フェンスの管理は遊牧民の方に依頼しており、遊牧民の通り道でもあることからこの実験は現地の方でも少し話題になったようです。

図４　沙漠における緑化実験の前後（口絵４）

カンゾウの栽培化

モンゴルのカンゾウは薬用成分グリチルリチン酸が多く含まれ、利用価値が高く、今後需要が増えると見込まれています。カンゾウを栽培化することで乱獲を防ぎ、遊牧民がカンゾウを販売して利益を得ることで家畜頭数を減らし、また、沙漠緑化への資金にもすることが目標です。持続可能のためには何よりも現地の人と一緒に、現地で手に入るもので行うことが必須と考えています。

2017年よりボグド村で河川近くの地下水位が高い場所でカンゾウ等の薬草の栽培に取り組み始めました。種の発芽後に苗の育成を頼んだのですが、2年間は失敗が続きました。苗の育成時や、定植後にカンゾウの根が深く根付くまでは、灌水が欠かせないのですが、遊牧民にとっては難しい（興味がない？）らしく枯らしてしまうのです。そこで、電気などの動力を必要とせず自動で灌水ができるシステムを考案して、現地に導入することにしました。提案するシステムは負圧差のみで土壌下方から灌漑（かんがい）する方法です。ティッシュをコップの水につけたら水が上昇する「毛管上昇」の応用です。加圧する灌漑方式のように動力を必要とせず安価かつ低管理で、作物の水要求量を満たし続けることができます。このシステムの灌水量は土質と灌水資材および水位差によって決定されるため、まずは実験室内で各種条件別に実験を行い水の供給量を把握しました。その結果、ナイロンと綿のヒモが水をよく引き上げることが分ったので、土壌水分を植物の好適水分（土壌水分吸引圧を

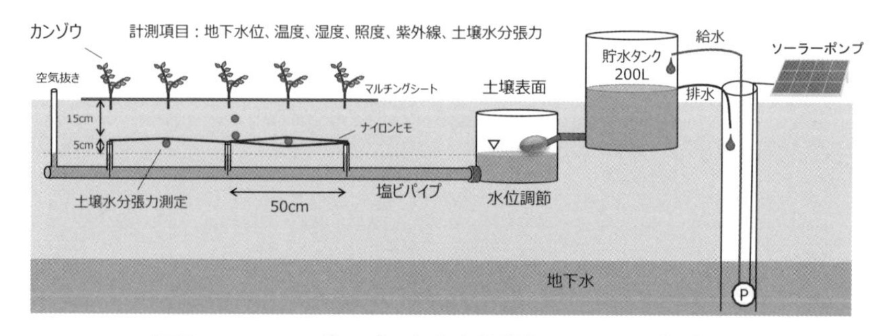

図5　ソーラーポンプによる自動灌漑システムの概略図

1,000cmH_2O 以下）に保つことを目指して、栽培実験を行いました。2019年にボグド村に設置していますが、コロナ禍のため渡航できなくなったため、青森県内で実験を進めました。図5はシステムの概略、図6は青森県の岩盤法面（のりめん）で緑化実験を行った結果を示しています。ヒモを使った地中灌漑システムがあることで、土壌水分状態は水分ストレスによって生長が阻害されるとされる−100㎪を下回らないようにできることを示しています。

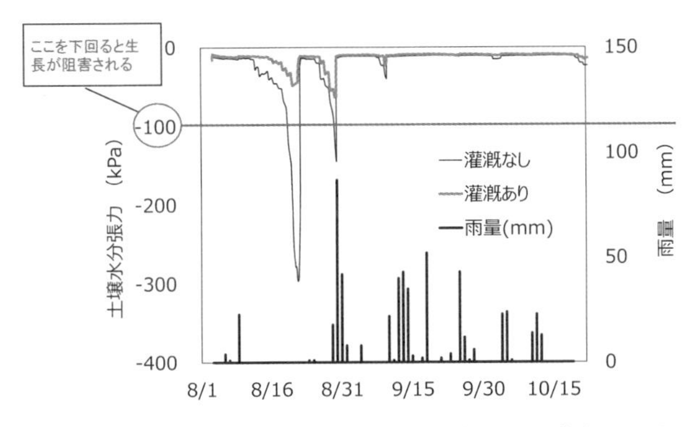

図6　自動灌水システムでツタを栽培した時の、土壌水分張力（乾燥度合い。マイナスが大きいほど乾燥している）と雨量

子供への環境教育

乾燥地での生活を持続可能なものにしていくために、ボグド村の子供への環境教育と植林活動を始めました。2019年9月の調査では、地域の小・中学生を対象に環境教育の一環として、郷土樹木を活かした植樹勉強会を開催しました。これらの取組はクラウドファンディングへの寄付によって行われました（砂漠化問題解決へ。持続可能な栽培・緑化システムを構築します。https://readyfor.jp/projects/Prevent-desertification2020）。

図7　ボグド村の小中学生との植樹勉強会

持続可能な農業に向けて

持続可能な農業を考える場合、水の資源をどれぐらい利用できるかを常に考えておく必要があります。中央アジアにおけるアラル海の消滅は、乾燥地における大規模な水利用が引き起こした人災です。乾燥地におけるこれまでの取組や研究の蓄積で、節水型農業、塩害の回避方法など様々な知見が得られています。水資源量を見極めつつ柔軟に対応することが持続可能な農業につながると考えています。

参考文献

１）Millennium Ecosystem Assessment, *Ecosystems and Human Well-being: Desertification Synthesis*. World Resources Institute, Washington, DC, 2005.
２）Yuxiang Chen. et al. Simulating root responses to grazing of a Mongolian grassland ecosystem. Plant Ecology. 2006; 183: 265–275.

おすすめの本

・中村哲『天、共に在り アフガニスタン三十年の闘い』NHK 出版、2013年。
・遠山正瑛『沙漠緑化に命をかけて』TBS ブリタニカ、1992年。

Short Essay 1　たくさんの「遊び」にふれよう

宮崎　航

「勉強をしなさい。でも、たくさん遊びなさい。」

私が新入生にいつもかけている言葉です。大学4年（6年）間は長いようで非常に短いです。私が所属する医学部保健学科は、1年生から多くの科目、実習があり、試験・レポートに追われ、4年生になっても卒業研究、就職活動、そして、国家試験へ向けての勉強、と遊んでいる暇をつくるほうが大変です。2022年度入学生からは新カリキュラムとなって科目数が大きく増えたため、もっと忙しくなります。

しかし、それでも、あなたには伝えたい。「もっと遊べ」と。

ここで少し、私について紹介します。

私は医学部保健学科の教育において、公衆衛生学を主に担当しています。公衆衛生学は“集団の健康を衛る”ための学問であり、健康や保健、医療に関する科学的な知識や技術の習得が不可欠であるうえ、様々な価値観をもつ人々の集団を対象とすることから、法律、経済、倫理、哲学に関する知識や理解も必須です。このことから、公衆衛生学は医学・保健学の中でも少し特殊な学問です。

一方、研究活動においては、主に衛生学（毒性学）を専門としています。特に、人間の活動により環境中に放出された化学物質や重金属が人にどのような影響を与えるかについて研究しています。これまでに、甲状腺ホルモン系や血液脳関門を含む脳発達に対する化学物質の影響について研究発表を行ってきました。現在は、主に、消火剤などで使用されている有機フッ素化

みやざき　わたる　　保健学研究科 生体検査科学　教授
個人的な「dots」は、大学の先生がたに文句を言っていた自分が教員になってしまったこと（あのときの先生がた、生意気言ってすいません）と、卒業研究で研究対象としていた細胞を、20年以上ぶりに用いて研究していること。

合物類（PFAS）、イタイイタイ病の原因物質であるカドミウムの毒性影響について研究を進めています。上記の通り、私は生物学・医学の観点から研究を進めていますが、化学物質の影響のメカニズムを解明するためには、人体のさまざまな生理現象を理解することはもちろん、物理学、化学、工学、情報学の視点も必須です。

さて、そろそろ「遊び」に戻りましょう。

大学の教員は基本的に1つの学問・分野を専門とした先生がほとんどです。これはあなたも同じで、自身の決めた学部・学科・専攻に入学しています。将来はおそらく、その学問・分野の中で活躍するでしょう。しかし、履修登録をする中で、あなたはこう思ったかもしれません。

なぜ自身の専門に必要なさそうな教養科目を履修しなければならないのか？

なぜ専門科目の中で、先生たちは意味のなさそうな話、例えば、国家試験に出題されもしない先生自身の研究の話をするのか？

私も大学生のときにそう思っていました。

あなたが“まさにそうだ”と思ったのであれば、ぜひ、見てほしい動画があります。それは、スティーブ・ジョブズ（Appleの共同創業者のひとり）が2005年にスタンフォード大学で行った卒業式のスピーチです。有名な動画なので見たこと・聴いたことがあるかもしれません。YouTubeで検索すればすぐに出てきますので、早速、本を閉じて動画を見てみましょう。

どうでしたでしょうか？　このスピーチの中で“Connecting the dots”の話が出てきたと思います。この動画を通じて私が言いたいことは、つまり、大学における教養科目や先生自身の研究の話といった、今のあなたにとっての意味のない「遊び」が、「dots」になるかもしれないということです。私自身の紹介でもあった通り、特定の学問・分野を学ぶにつれ、思いもしなかった分野の知識が必要となることがあります。「遊び」は今のあなたが考える未来には繋がらない意味のないことかもしれません。しかし、未来のあなたが振り返ったとき、“今の自分”があるのはその「遊び」がつながってきたからだ、と感じるかもしれません。

私を含め、大学・教員は多様な「遊び」を提供します。ぜひたくさんの意味のないことにふれてください。では早速、この本の目次に戻って「遊び」にふれてみましょうか。

おすすめの本

・マシュー・サイド『多様性の科学：画一的で凋落する組織、複数の視点で問題を解決する組織』ディスカヴァー・トゥエンティワン、2021年。
・ハンス・ロスリング、オーラ・ロスリング、アンナ・ロスリング・ロンランド、上杉周作、関美和訳『FACTFULNESS』日経 BP マーケティング、2019年。

Short Essay 2　研究室のIT技術で地域貢献を

丹波　澄雄

研究室では色々な新しい技術に触れることができます。ドローンの流行り始めの頃に、4年生になると着手できる卒業研究で「ホビードローン搭載カメラによる地上撮影画像の地図化」というテーマを1人の学生に与えました。ドローンの操縦に慣れるために大学の体育館を借りて練習を行いましたが、自在に操れるまでにはかなり時間が必要でした。なんとか操縦できるようになって実験データの取得を行い、卒業研究発表も無事に終えました。卒業前に機材一式を返却されましたが、そこにはアチラコチラにガムテープの補強痕の残る勇姿のドローンが有りました。ドローンの操縦習得は難しかったようです。

最近はＩｏＴ（Internet of Things: 様々な「モノ（物）」がインターネットに接続され相互に制御する仕組みのこと）が流行っていますが、研究室では2012年に火付け役とも言える名刺サイズのシングルボードコンピュータRaspberry Piを入手して研究が始まりました。色々なセンサを制御する電子工作とコンピュータプログラミングが簡単に行えるので、研究室の主力テーマとなりました。地域の抱える問題解決にＩｏＴを利用したいと考え、弘前さくらまつりにおける問題を取り上げました。研究室で着目した点は、車を利用する観光客は駐車場の確保に難儀するので、駐車場の空き情報をリアルタイムで発信することで観光客の利便性の向上を図ることでした。

市内の駐車場はバーの上下によって車の出入りを制御しています。そこでバーに加速度センサを取り付けて、バーの状態が横か縦かを判断することで

たんば　すみお　　理工学研究科 電子情報工学科　准教授
私の専門はリモートセンシング（リモセン）ですが、ＩｏＴ技術に出会い、リモセンで必要とする地上環境計測が非常に容易に行えることに気が付き、さらに様々な分野へ展開可能なＩｏＴシステムの構築に邁進しています。

バーの上下動作を検出し、車の出入りを知ることにしました。学生達はこの加速度センサに辿り着くまでに幾つかのセンサで試行錯誤を行っていました。モバイルバッテリーで動作するセンサなのでバッテリーの交換が必要であり、車の出入りが少なくなる夜間に交換作業を定期的に行っていましたが、予想より早くバッテリーが無くなったときは慌てて交換に行っていました。

バーの存在しない駐車場の場合、出入口に設置した距離センサによる距離の変化を検知することで車の出入りを知る方法を考案して実験し良好な結果が得られました。しかし、駐車場毎に構造が異なり、適切な計測ができないことが判りましたので、この方法は諦めました。代わりにカメラで駐車場の駐車状況の画像を取得して、ライブデータとして発信し、利用者に判断を委ねる方針で、駐車状況画像公開システムを開発しました。学生がこのシステムの画像を見て駐車台数を数えて、その数値を入力して公開することも試みましたが、これはかなり大変な作業でした。そこで、次の段階として画像から車を数える作業をＡＩに行わせることにしました。前年度に取得した画像データに基づいて学習して臨みましたが、カメラから画像を取得するコンピュータ上のＡＩに車を認識する処理を行わせると時間が掛かり過ぎました。対策として、集められた画像を別の計算サーバ上のＡＩ処理を行わせることにしました。ところが、カメラ設置箇所が8箇所あったため、1分間に8枚の画像を処理する必要があったのですが、研究室のコンピュータが古く処理速度が遅かったため、毎分の処理ができないことが判りました。この困った状況を近くの研究室の先生に相談したところ、最新の高速コンピュータを使用させて頂くことができるようになり、やっと当初の目標であった各駐車場の駐車台数の自動計測と台数公開ができるようになりました。

このように学生たちは、研究室が有する技術を身の回りの問題に適用するための試行錯誤を続けて、何とか解決までたどり着くことを通して様々な学びを得てきております。知的好奇心とチャレンジする心を持って大学で研究という名の遊びをしてみませんか。

第１章　創る　Create

おすすめの本

・福田和宏『これ１冊でできる！ ラズベリー・パイ超入門 改訂第７版 Raspberry Pi 1+/2/3/4/400/Zero/Zero W/Zero 2 W 対応』ソーテック社、2022年。
・鈴木真二監修、（一社）日本 UAS 産業振興協議会編『トコトンやさしいドローンの本（今日からモノ知りシリーズ）』日刊工業新聞社、2016年。

Short Essay 3　失敗することを恐れずにヒットポイントをアップしよう

園木　和典

失敗することが好きだという人はいないと思います。誰だって失敗は避けたいものですが、失敗は学びの機会でもあります。失敗することを恐れずにヒットポイントをアップしてみましょう。失敗したらいやな気持ちになる、落ち込んでしまうこともありますが、少し時間を置いて、どうしてその失敗をしたのだろうか、その失敗の原因に向き合って探求してみると、これからの歩みに活かせる情報やスキルを学ぶことができるのではないでしょうか？

例えば、親元を離れて一人暮らしを始めた方も多いことでしょう。私自身、大学に入学してから一人暮らしを始めました。炊事、洗濯、掃除、全て自分でやらなければならない生活。家族とともに生活していた高校時代までは、家庭科で学習したり、手伝いをすることはあったものの、自主的にやっていたわけではなく、ほぼ全て言われてやっていました。大学に入ってからは、これまでとは味が違う料理、一週間同じ献立、溜まっていく洗濯物、せっかく干したのに雨曝し、収集日を逸して溜まるゴミ。失敗の連続でした。でもそれらを繰り返しながら、どうやったら上手くいくのかを考え、実践し、そしてまた失敗をすることで、家事に必要な情報とスキル、そして時間管理するスキルを学習することができたように思います。

現代はG ○○ gle 先生と呼ばれるぐらいインターネットの検索エンジンは充実しているので、1つの検索ワードから実に多くの情報が示される時代です。あらかじめネットで検索をしておけば、上のような失敗をする回数も減らせるかもしれません。しかし一方では、たくさんの情報から本当に必要な

そのき　とものり　　農学生命科学部 分子生命科学科　准教授
応用微生物学を専門とした教育研究活動を展開。特にこれまで石油から作り出されてきた燃料やプラスチックを、バイオマスから作り出すために有用な微生物の機能を明らかにし、そして利用する研究に従事。

情報、適切な情報を抽出していくために、相応の時間をかけて進めていくことも必要だと思います。安易な情報検索から失敗を経験すると、もっと調べておけばよかったという後悔が生まれることも多いかもしれません。そのような失敗を経験してから必要な情報を調べていく過程も、適切な情報へとたどり着くことができたら学習として成立すると思います。

これからの歩みに活かせる情報やスキルを学習する機会は、同世代とのつながりにもあります。大学では、広いキャンパス内を講義ごとに教室を移動しますし、講義が無い時間もあります。その移動の途中や休み時間にふと周りを見てみると、図書館や食堂以外にも、仲間と集まって談笑できる場所がいくつもあります。木陰や池の周り、50周年記念会館前、教育学部裏のベンチ、リンゴ見本農場、大学会館、弘大カフェ近くのアウトドアテーブル、図書館のテラスやサークル棟など。大学には日本各地から同世代が集まってきますので、同じ日本の中でも言葉や言い回しが違ったり、文化や考え方の違いがあることを感じることができます。それらの違いを言い交すことで、それまでに知らなかった新しいことを知ったり、それらの違いがきっかけで意見が衝突することもあるでしょう。しかしそのような仲間との会話から、知らず知らずのうちに、高校での生活よりもさらに多様な知識や知恵、思考を学習できると思います。

このショートエッセイを読んで少しでも、失敗って案外ダメなことではないのかな？と思ってくれたら、このコラムは成功です。キャンパス内をふらっと散策してみると、見知った誰かだけでなく、季節の移り変わり、誰もいない穴場スポットも発見できると思います。自然と愉快な仲間がいるキャンパスの中で、勉学以外の学習も楽しんでほしいと思います。

おすすめの本

・別府輝彦『見えない巨人微生物』ベレ出版、2015年。

第 2 章

Connect

Lecture 1　遠隔ロボット手術が切り開く近未来の医療

袴田　健一

変化する手術室の風景：開腹手術からロボット手術へ

皆さんは、手術の光景をテレビドラマでご覧になったことがあるでしょう。全身麻酔がかけられて意識の無い患者さんが手術台に横たわり、その傍らにブルーの術衣をまとった2人の外科医が向き合って立っている定番の風景です。2人の外科医はともに患者さんの患部を見つめ、手術用の手袋をつけた手で臓器を触りながら手術をしていきます。今、その手術風景が大きく変わろうとしています。内視鏡外科手術の登場です。

1．手術映像のデジタル化

内視鏡外科手術は、別名鏡視下手術、お腹の手術の場合には腹腔鏡下手術、胸の手術の場合は胸腔鏡下手術とも言います。体の内部にカメラを挿入し、患部をモニターに投影して、スタッフ全員がモニターを見ながら行う手術です。手術操作は長い菜箸のような「鉗子」と呼ばれる手術機器を操作して行います。体の傷が小さく、術後の回復が早いことから、1990年以降急速に普及し、現在は多くの手術で主流の方法となっています。同じ治療成績ならば、負担の少ない方法が選択されるのは至極当然のことです。

そして、この手術を可能にしているのが、映像のデジタル化技術です。そもそも胃や大腸などの内視鏡から派生した技術で、当初は光ファイバーで送られたアナログ映像を1人の医師が直接目で見て観察していましたが、C

はかまだ　けんいち　　医学研究科 消化器外科学　教授／附属病院病院長
1985年弘前大学を卒業し、第二外科に入局。
1994年に本学初の生体肝移植、2011年には日本初のロボット支援下膵尾側切除を実施。
2020年日本初の商用回線による遠隔手術実験を主導。専門は肝胆膵外科。

ＣＤカメラの登場によって映像信号をデジタル伝送できるようになったことで、大きなモニターに投影して術野情報をスタッフ全員で共有できるようになりました。最近では、2つのＣＣＤカメラを搭載して立体視を可能とする内視鏡カメラも普及しています（図1）。

開腹手術　　腹腔鏡手術 1990年代〜　　ロボット手術 2010年代〜

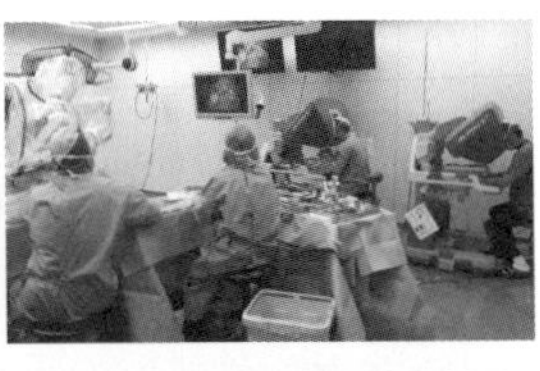

術野映像のデジタル化
画面共有　　拡大立体視
手術操作のデジタル化
精緻性向上

図１　変化する外科手術の風景（口絵５）

２．手術操作のデジタル化

手術のデジタル化は視覚のみにとどまりません。手術操作を3次元の座標軸信号と加速度信号にデジタル変換し、離れた場所で術者の手の動きを忠実に再現することも可能になっています。ロボット手術の登場です。そもそも核物質など直接触れることのできないものを人が遠隔から操作したり、宇宙空間や紛争地など危険な場所での遠隔操作による作業などを想定して開発されました。遠隔手術もその一つです。そのため、当初はアメリカ航空宇宙局（ＮＡＳＡ）や米国陸軍がスポンサーとなり、大学の研究者が加わって軍事・宇宙利用目的に開発が進みましたが、技術の民間転用によって手術ロボットの開発が進んだ次第です。

手術操作のデジタル化は、手術技術に新たな2つの革新をもたらしました。第1は手術の精緻化です。人の手では到達できない狭い空間で、人の手では不可能な手術操作を可能にします。ロボットアームは7〜8つの関節を有し、さらに拡大立体視のできるカメラが装着されていますので、体内深部で細かな切離・縫合作業などに適しています。現在ロボット手術が全国に急速に普及している要因です。第2の革新は当初の目的である遠隔手術技術です。ロボット手術では、操縦席とロボットアームは屋内回線で接続されていますが、この回線を延長することで遠く離れた場所からロボットアームを遠隔操作して手術を行うことが可能となります。手術は空間と距離の制限から解放され、理論的には、日本中どこの患者であっても、術者がどこにいても手術ができることになったわけです。

３．手術のデジタル化とＡＩ

実は、第3の革新が今まさに到来しています。ＡＩとの融合です。例えば、ベテラン外科医の手術操作が全てデジタル記録されていますので、模範手術のデジタル情報がどんどん蓄積されていきます。ＡＩは、これらのデジタル情報をもとに患者さん個々の状況に適した理想の手術を提案し、実施することが可能となります。手術の自動化です。完全な自動化までには、もう少し時間を要しますが、画面上に手術操作すべき場所や方向性を指し示す機能は容易に装着可能です。車をバックさせる時に、バックモニターに映し出される走行方向線を目印に運転するようなものです。このように、手術のデジタル化は手術そのものを大きく変えようとしています。

遠隔手術の歴史：頓挫から再スタートへ

ロボット手術は、操縦席と少し離れた場所に設置されたロボットアームをケーブルで接続して手術を行う、いわば屋内の遠隔手術です。このケーブルを通信ネットワークに置き換えることで遠隔手術は可能となります（図2）。遠隔手術の発想は非常に古く、前述のように手術ロボットの開発当初から遠隔手術の実施を目的にしていました。2001年9月7日には、米国ニューヨークと6,000 ㎞離れたフランスのストラスブールとの間で世界初の遠隔ロボット手術が行われました。使用したロボットはZeus、高額な専用回線を敷設して実施され、胆嚢摘出術に成功しています。通信遅延は155ミリ秒だったそうです。

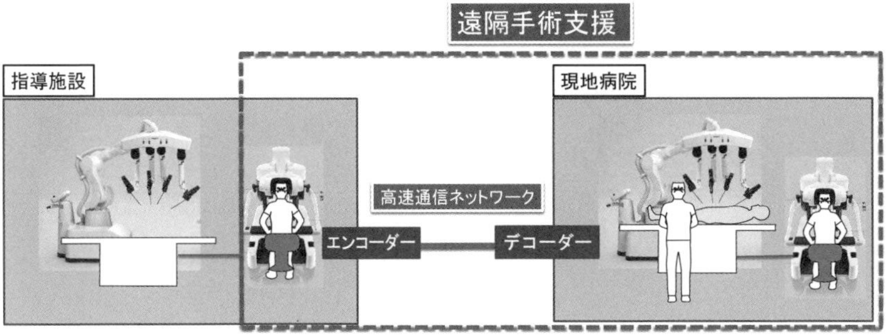

図２　ロボット手術と遠隔手術

その後、カナダではハミルトンの大学関連病院と400 km離れた小さな病院との間で22例の遠隔手術が実施され、いずれも成功しています。対象は胃や大腸の疾患が主体でした。回線は州立病院を結ぶ公的通信ネットワークが利用され、通信遅延時間は135～150ミリ秒と報告されています。残念ながら遠隔手術対応の手術ロボットZeusが企業買収によって利用できなくなり、この計画は中止されています。

日本でも、2000年代に九州大学のチームが独自に開発した手術ロボットを用いて、福岡と静岡、ソウル、バンコクを商用回線で接続して遠隔手術実験を行なっています。しかし、遅延時間が300～500ミリ秒に及び、実用には至りませんでした。また、現在主流の手術ロボットであるダビンチを用いて米国国内でブタの腎摘除術が試みられていますが、遅延時間が500～900ミリ秒にまで及んで実用的でなかったことと、インターネット回線を用いたために通信セキュリテイが担保できないとの理由で、研究開発から撤退することとなりました。

このように、Zeusを用いた遠隔手術は臨床利用まで一旦は進んだのですが、当時の通信技術では遅延が大きすぎたこと、さらには高額な通信費用やセキュリテイ上の問題、ロボット企業の買収などの要素が重なって、遠隔手術の研究開発は頓挫することになりました。それが、近年の情報処理技術の発達、通信ネットワークの整備、新規手術ロボットの登場によって、再スタートを切ることになったのです。

遠隔手術推進の社会的背景：なぜ、今遠隔手術が必要なのか

では、なぜ今、遠隔手術が再び注目を浴びることになったのでしょうか。前述のように技術的な問題を解決する目処が立ったことが大きな理由ですが、社会から求められる2つの理由があります。

第1は、外科医不足と医師の地域偏在によって、外科手術を十分に受けられない地域が生じていることへの対応です。厚生労働省によると、医学部定員の増加によって医師数は確実に増えているものの、外科医師数は1994年以降20年間増加していないのです。外科医の仕事がハードなことが若手の外科医離れにつながっていると言われています。そのため、地域の中核病院の外科機能が低下し、居住する医療圏で手術が受けられず遠く離れた土地に移動して手術を受けなければならない地域が増加しています。高齢化社会が急速に進行する日本では、移動の難しい高齢者への影響が大です。遠隔手術の導入によって、長距離移動することなく地元の病院で手術を受けることができるようになりますので、患者さんには肉体的にも、精神的にも、さらには経済的にも大きなメリットとなります（図3）。

第2の理由は、外科手術がロボット手術へシフトし、急速にロボット手術件数が増加する中で、この技術を全国に安全に普及するために、より効率的

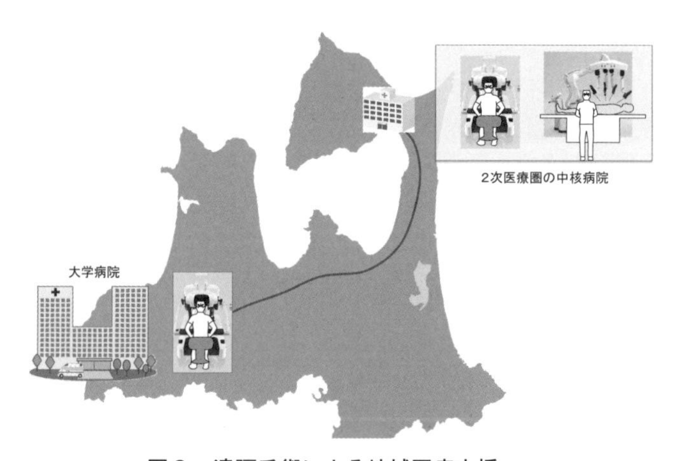

図３　遠隔手術による地域医療支援

な指導手段が必要となったことです。現在は、プロクターと呼ばれるベテラン医師が、診療の合間に全国を駆け巡って指導していますが、医師の働き方改革が叫ばれる中、このような従来からの指導法では新しい技術を迅速に普及させることができません。

このように社会ニーズの背景は異なりますが、現地の手術チームを遠隔から指導する体制ができれば、いずれの問題も解決の方向に向かいます。とりわけ、第1の理由は、我が国が抱える喫緊の社会的課題の解決につながることから、国も異例の速さで遠隔手術の実施に向けた法的環境整備に動きました。遠隔医療として実施可能な医療行為は「オンライン診療の適切な実施に関する指針」で定められていますが、1989（平成元）年7月31日の指針改訂時に、診察や処方行為に加えて「手術」が指針に明記され、日本で遠隔手術を行う法的根拠が整いました（図4)。具体的な運用方法については、日本外科学会がガイドラインを発しています。

「オンライン診療の適切な実施に関する指針」の改訂（抜粋）

・　医政発 0731 第7号　平成元年7月 31 日

- 高度な技術を要するなど遠隔地にいる医師でないと実施が困難な手術等を必要とし、かつ、患者の体力面などから当該医師の下への搬送・移動等が難しい患者を対象に行うこと。
- 情報通信機器について、手術等を実施するに当たり重大な遅延等が生じない通信環境を整え、事前に通信環境の確認を行うこと。また、仮に一時的に情報通信機器等に不具合があった場合等においても、患者の側にいる主治医等の医師により手術の安全な継続が可能な体制を組むこと。

※具体的な対象疾患や患者の状態などの詳細な適用対象は、今後は、各学会などが別途ガイドラインなどを作成して実施すること。

図４　遠隔手術の法的環境整備

遠隔手術を可能にする３つの技術

遠隔手術は3つの技術によって成り立ちます。この3つの技術が最近飛躍的に高まったことで遠隔手術の社会実装が現実的なものとなりました。

第1は手術ロボット。ダビンチの特許が切れたことで、世界各国の企業が手術ロボット開発に参入しました。その中で国産企業2社が遠隔手術を想定して開発を進めています（Medicaroid 社：HinotoriTM、Riverfield 社：SaroaTM）。核となる技術は、デュアルコックピット機能、すなわち、遠く離れた2つの操縦席の操作権限を交代しながら、2人の外科医が1つのロボットアームを操作する機能です。すでに基礎的な開発の目処が立ち、工業化に向けた開発段階に入っています。

第2は情報処理技術。遠隔手術では、患者さんの体内映像をカメラで撮像し、デジタル変換したのちに通信回線で伝送します。この映像伝送の情報量が、通信回線の許容量以内である必要があります。例えばフルハイビジョン画像1枚は約200万画素、33.2 megabits に相当し、1秒30枚で映像を作成すると、1秒あたり約1 gigabit（1 Gbps）の情報量となります。立体視のため2眼で撮像すると2 Gbps です。専用回線で伝送することも可能ですが、著しく高額で実際的ではありません。一方、ベストエフォート型回線と呼ばれる一般的な通信回線では、回線の太さ（通信帯域）が大きく変動し、50 Mbps を下回ることもありますので、安定して手術映像を伝送することは困難です。そのため、エンコーダーと呼ばれる情報処理機器で、情報量を1/10から1/200に圧縮した上で比較的安価な帯域保証型の回線を利用して伝送し、さらにデコーダーと呼ばれる情報処理機器で解凍して利用します（図5）。圧縮、解凍のそれぞれの工程で遅延が発生することから、これを抑制し、かつ映像品質を劣化させない圧縮・解凍技術が必須です。手術を安全に実施する上で許容

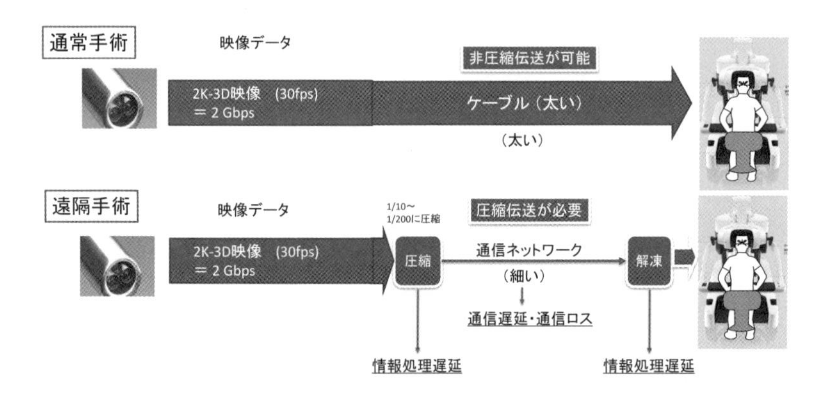

図５　遠隔手術に必要な情報通信技術

可能な遅延時間は100ミリ秒以下であることが明らかとなっており、現在の情報処理技術と通信伝送で生じる遅延時間の総和をこの基準の範囲に留めることが可能となっています。

第3の技術は通信ネットワークです。近年我が国では高速通信ネットワークが整備され、多様な回線種ならびに料金体系の通信サービスが提供されています。これらは通信事業体が保有する回線で、インターネットとの接続がないため、セキュリティの観点からも有用です。また、通信の暗号化技術を活用することでさらに安全性が高まります。さらに、5Gや低層人工衛星回線など、広帯域の無線回線が登場し、利用回線の選択肢が増えるともに、有線回線敷設に費用のかかる島嶼（とうしょ）部などでは特に有効と考えられています。

遠隔手術の社会実装に向けて

このように、遠隔手術の技術的課題が克服されつつある中で、遠隔手術の社会実装が現実的なものとなりつつあります。遠隔手術に対する社会ニーズに加え、コロナ禍を経験して遠隔医療の重要性が認識される状況下で、現在、国の財政支援を受けて産学官連携による遠隔手術の社会実装に向けた研究プロジェクトが進行しています。プロジェクトには弘前大学のほか、北海道大学、九州大学、東京医科歯科大学をはじめとするアカデミア、ロボット手術関連の学会、国産ロボット企業、情報処理技術企業、主要な通信事業体、国立情報学研究所が参画し、総務省、厚生労働省、国立研究開発法人日本医療研究開発機構の支援のもとに、2020年から継続しています。このプロジェクトは、技術的課題を解決し、併せて周辺機器の開発を行う実証実験のパートと、運用面や経済性の課題を整理してガイドラインを作成するパートの2つの内容からなっています。実証実験のパートでは、大学とそれぞれの関連病院に手術ロボットを配置して商用通信回線で接続し、社会実装と同じ環境下で実証実験が繰り返し行われています。ちなみに、弘前大学が主体となって実施した実験は、1）弘前大学医学部附属病院と150 km離れたむつ総合病院を接続し、人工臓器を用いて行った3回の実験、2）弘前大学医学部附属病院と108 km離れた北里大学獣医学部附属動物病院間で行った動物手術実験1回、3）ロボット企業の実験施設で擬似遠隔環境を構築して行った動物実験2回、計6回に及びます。同様に、北海道大学、九州大学でも実証実験が行われています。非生体対象物に対する模擬手術から始まった実験は、人工臓器、動物実験と進み、最近ではご遺体を用いて臨床と同様の環境下に胃手術や大腸手術が行われ、通常の屋内ロボット手術と同様に精緻な手術が可能なことが確認されています（図6）。臨床応用直前の状況まで安全性の検証が進んでいます。

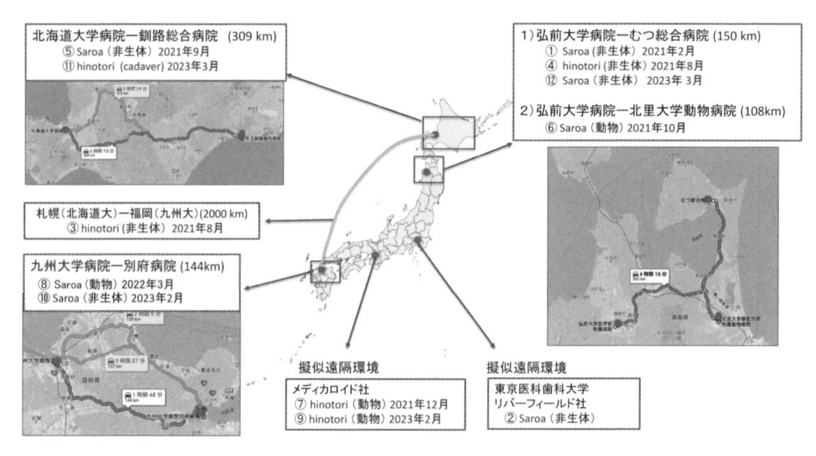

図6　遠隔手術の実証実験フィールド

一方で、手術責任者の明確化、遠隔術者と現地術者の責任の按分、インフォームドコンセントの取得のあり方、手術チーム間の意思疎通の仕組み、セキュリテイ担保のあり方などを含む運用方法については、法曹界を含む各方面の専門家の参画をえて検討され、最終的に日本外科学会から「遠隔手術ガイドライン」として発出されています。

今後、遠隔使用のデュアルコックピットの独立行政法人医薬品医療機器総合機構（ＰＭＤＡ）による医療機器認証を待って臨床応用に進むことが期待されています。

遠隔手術技術を世界へ、未来へ

このように、遠隔手術は臨床応用に向けて着実に準備が進んでいます。実は、遠隔手術の活用への期待は国内にとどまるものではありません。世界には、医療資源が乏しく、しかも広大な土地を有したり、多くの島々からなる国家など、遠隔手術が活躍できる地域が数多くあります。遠隔手術対応ロボット、情報通信技術、そして我が国の高い手術技術をパッケージとして輸出できれば、日本発の新たな国際貢献の一つとなりえます。

また、前述のごとくＡＩとの融合によって、より精緻な手術が可能となり、いずれは手術の自動化へとつながるでしょう。手術ほど精緻な遠隔操作が可能となれば、多くの医療技術はもとより、他の産業界でもほとんどの作業が遠隔制御で実施できるようになります。遠隔手術技術は、世界へ、そして未来へ繋がるポテンシャルを持った技術といえましょう。

参考文献

1）袴田健一「遠隔手術の社会実装に向けて」、『医学のあゆみ』医歯薬出版株式会社、275巻7号、2020年、817-820頁。
2）袴田健一、諸橋一、赤坂治枝「遠隔手術の現状と展望　遠隔手術支援（remote surgical support）の基礎知識」、『臨床外科』76巻8号、医学書院、2021年、1026-1032頁。

Lecture 2　地域の自然を理解する
― 地域の大学が担う、ネイチャーポジティブへの役割 ―

山岸　洋貴

地域の自然とネイチャーポジティブ

近年、ネイチャーポジティブという言葉をよく耳にするようになりました。ネイチャーポジティブとは、生物多様性の損失を食い止め、さらに回復させていくという言葉です。主要7カ国首脳会議（G7サミット、2021年6月）や国連生物多様性条約第15回締約国会議（ＣＯＰ15、2022年12月）では、このネイチャーポジティブが今後全世界で取り組むべき課題の1つであるとし、様々な議論や関連する取り決めがなされました。その結果、2030年までに国土の30％以上を自然環境エリアとして保全していく（30 by 30）という数値目標を日本でも目指すことになりました（環境省2023）[1)]。このように具体的な目標を掲げることは、実際に行動する上でとても大切なことですが、仮に国土の30％が保全すべき自然環境エリアとして指定されたとしても、ネイチャーポジティブという本来の目標を果たせるわけではありません。あくまでも生物多様性が回復するという点が重要であり、その達成は現状を鑑みるにそれほど簡単ではないように思います。

生物多様性の減少は、一番初めのプロセスとして地域レベルで生じます。生物多様性を保全するためには、まず地域レベルにおける自然への理解、保全対策が重要になってきます。日本では、2005年までにすべての都道府県でレッドリストが作成されており、野生植物に関していえば、ほぼすべての

やまぎし　ひろき　　農学生命科学部 附属白神自然環境研究センター　准教授
春植物を対象とした生態学や白神山地を含む地域の植物相の解明または植物相の変遷などを研究テーマとし、近年は地域の自然史研究を担う人材育成に力を入れたいと考えています。

表１　東北６県のレッドリストと植物目録および植物誌の発刊状況

県名	最新のレッドリスト＜野生植物＞	主な植物目録、植物誌等	発行年
青森県	2020 年改訂[2]	新青森県植物目録[8]	2018 年
秋田県	2014 年改訂[3]	秋田県植物目録第 10 版[9]	2005 年
岩手県	2014 年改訂[4]（順次種が追加）	岩手県植物誌[10]	1970 年
		岩手県野生生物目録[11]	2001 年
宮城県	2021 年改訂[5]	宮城県野生植物目録 2022[12]	2022 年
		宮城県植物誌[13]	2017 年
山形県	植物編は 2013 年改訂[6]	新山形県野生植物目録[14]	2019 年
		新版山形県の植物誌[15]	1992 年
福島県	毎年更新[7]	福島県維管束植物仮目録 2020[16]	2020 年
		福島県植物誌[17]	1987 年

県で植物目録（記録されている植物種名の一覧）や植物誌（種の生態や標本および資料に基づいた分布図がまとめられた資料）が発刊されています（表1）。この状況から日本列島では少なくとも都道府県レベルにおいて野生植物の分布状況の概要は理解されていると言えます。しかし、解決すべき問題はたくさんあります。例えば、保全すべき対象のレッドデータ記載種ですら、現状が明確に把握されていないこともありますし、希少種以外の生育状況については、ほとんど整理されていない場合が多いのです。植物誌が制作されている県では、発刊時の状況はよく把握されていると言えますが、自然環境の状況や生物の分布は刻々と変化し、生物の分類や保全に関する見識も新しくなるので、定期的に見直さなければなりません。地域の自然を理解して、整理、記録していくことは、ずっと継続していかなければならない終わりのない課題です。「今、ここにはどんな生き物がどれだけ暮らしているのだろうか？」、非常にシンプルな問いです。しかし、この問いにある程度答えることができなければ、回復目標など立てようもありません。

私はこれまで地域の野生植物を対象として様々な研究活動を行ってきました。その中で、各都道府県に存在する各大学は、ネイチャーポジティブという地球規模の目標を達成することに大きく貢献できる存在ではないだろうかと考えるようになりました。ここでは、“地域の自然を理解する”ことについて地域の植物相の解明という1つの側面の現状と弘前大学での取り組みについて記します。

これまで地域の自然はどのように明らかにされてきたのか ～市民の力～

さて、先述した各都道府県のレッドリストや植物目録や植物誌はどのように制作されているのかご存じでしょうか？　まず、これらのレッドリストおよびそれをまとめたレッドデータブック編纂の取りまとめは基本的には各都道府県が行っています。レッドリストは大規模開発時における環境影響評価を実施する際などに、保全すべき種を選定する上で不可欠な情報になります。実際に検討や編纂を行う委員会や調査会には多くの市民の参加があり、調査の基になる情報の多くも市民によってもたらされてきました。さらに、多くの植物目録や植物誌の制作は、ほとんどの場合、市民研究家もしくは市民グループによって行われ、そのデータは長年の調査や研究活動の結果、収集された標本等が基となっています。青森県でも同様です（表2、図1)。

青森県では主な植物目録として「青森県野生植物目録（1994)」、「新青森県植物目録（2018)」が発刊されていますが、いずれも著者は市民研究家である細井幸兵衛さんです。「青森県野生植物目録（1994)」は個人で編著、発刊されたもので、「新青森県植物目録（2018)」は、市民の方々の協力を得ながら弘前大学白神自然環境研究所（現在の白神自然環境研究センター）が編集したものです[2)]。両方の目録とも、細井さんが収集された標本や資料が基になっており、それらの中には、県内外の複数の市民研究家、愛好家の方々の膨大な情報が含まれています。

1970年から2000年頃にかけて青森県では地域や市町村レベルにおける植物相調査が盛んに行われ、その報告書が制作されてきました。大学の研究室や博物館といった機関が調査を実施し、報告したものもありますが、主に理科教育を担う小・中・高校の先生方が中心的な役割を果たしたものが少なくありません[18)～20)]。学校の先生方が地域の自然環境について調査活動を行う

表2　青森県のレッドリスト（2020）のカテゴリーおよび主な掲載野生植物

青森県区分		環境省 RL 区分	主な植物	掲載種数
EX	野生絶滅	EX、EW	カンエンガヤツリ、ヒメヒゴタイ、トウゴクヘラオモダカ等	6
A	最重要希少種	ⅠA、ⅠB 類	ガシャモク、エゾキケマン、キクモ、フサタヌキモ、クロビイタヤ等	133
B	重要希少種	Ⅱ類	デンジソウ、トガクシショウマ、キンラン、エゾノリュウキンカ等	124
C	希少種	NT	ミズニラ、エビネ、ヤシャビシャク、ミクリ、チシマフウロ等	66
D	要調査	DD	マルミスブタ、オオミズトンボ、シラオイエンレイソウ等	37
LP	地域限定希少種	LP	コロンビアミズゼニゴケ、ウィットロキエラ サリナ	2

※青森県のレッドリスト(2020)のうち、維管束植物、蘚苔類、淡水藻類を野生植物とした。

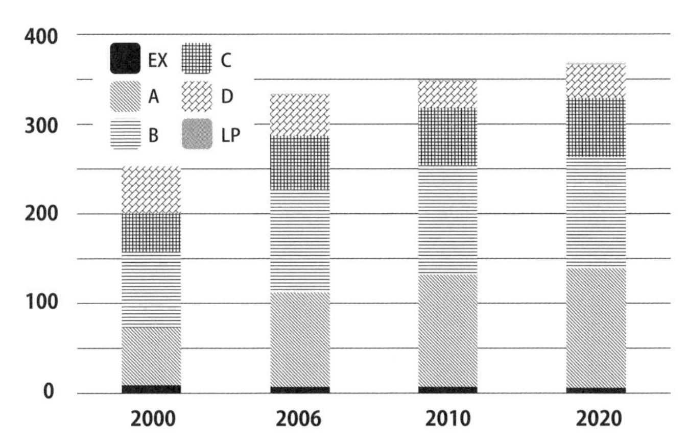

図1　青森県レッドリストにおけるカテゴリー別野生植物掲載種の変遷

青森県のレッドデータブック(2000)、改訂増補版（2006）、改訂版（2010）、2020年度版に記載された野生植物（維管束植物、蘚苔類、淡水藻類）の種数の変化を示す。凡例のEXは絶滅野生生物、Aは最重要希少野生生物、Bは重要希少野生生物、Cは希少野生生物、Dは要調査野生生物、LPは地域限定希少野生生物を示す。2000年度版には維管束植物のみ掲載されている。

ことは、子供たちへ得られた知識をじかに伝えることが可能だったと考えられ、その教育的効果はとても大きかったのではないかと想像します。また、主に高校では自然史研究を行う部活がかつて多く存在しました。中には大規模な野外調査を行い、素晴らしい報告書を制作しているところもありました。

失われつつある自然を観察する目

このように地域の自然環境の理解は、これまで幅広い年齢層の多くの市民の協力のもとに成り立っていました。まさに市民が主体となって調査や観察を行い、科学的な手順に沿ってその成果を示す「市民科学」の代表的な例です。しかし、この市民科学の存続がとても危惧されています。なぜなら次世代を担う人が現在、とても少ないからです。先ほど例に挙げたような市民科学を支えてきた人々、市民研究家やまたそのグループの皆さんは後継者不足に直面してきました。また、近年では、学校の先生もこれまでのような活動を行うことが難しくなってきました。このままでは地域の自然を観察する目が激減する可能性があります。ネイチャーポジティブを実現させるどころか、県レベルのレッドリストの改定や希少種の保全対策ですら成り立たなくなる恐れがあります。これは青森県だけではなく、多くの地域が同じような問題を抱えています。また、この問題が認識されはじめてから既に十数年以上も経過していますが、効果的な対策がなされないまま今日に至っています。後継者問題はますます深刻な状況です。

なぜ観察する目は失われてきたのか？

自然科学は目まぐるしい発展を続けています。インターネットの普及は情報の共有を飛躍的に容易にしましたし、次世代シーケンサーの登場は、生物の進化に関して遺伝学的側面から複雑な背景を明らかにすることを可能にしました。また、デジタル撮影機器は、誰でも自然環境や生物の現在を画像として気軽に残すことができます。その他にも、この20年間程で私たちの生活は大幅に変化してきました。また、生態系サービスや生物多様性の重要性が認識され、その言葉を頻繁にみかけます。にもかかわらず、市民研究家やそのグループが減少し、次世代が育っていかないのはなぜでしょうか？

理由の1つとして考えられるのは、私たちと自然環境との距離感が広がったことが挙げられます。ひょっとすると現在の子供たちの方が以前よりも自然環境について学習する機会が増加しているのかもしれません。しかし、川で遊ぶ、公園や空き地でバッタ採りをするなど、実際に自然の中に飛び込む機会は減少しています。さらに、現在の親世代も自然体験が少なく、リスクばかりが強調される野遊びへの家庭内での理解は難しくなっている状況です。そうすると学校でも子供たちを自然の中へ連れて行くことのハードルがおのずと高くなります。出前授業などで高校生のみなさんに話を聞くと、その大半が生態系、生物多様性の保全は大事であるという認識を持っていました。しかし、実体験からそれが具体的にどのような事であるのかを想像することは難しい様子でした。皆さんは具体的にイメージできるでしょうか？

また、市民グループ活動の低迷には、ＳＮＳなどの普及も背景にあるように思います。これは、この分野だけの話ではないと思うのですが、かつては研究会、愛好会といったように市民グループに属することで様々な情報をやり取りすることができました。現在は新たな情報もインターネットから簡単に得ることができ、さらに個人的な発見を自由に発信し、それに対して反応を得ることもできます。個人の趣味という範囲では、十分やりがいを得ることができます。正直やや煩わしさのあるリアルな人間関係をそれほど築かなくとも、ＳＮＳ上のグループでも一体感を持って活動することも可能です。情報拡散力やスピード感を考えるとメリットもたくさんあるように感じられます。しかし、これらの情報を活用する為には、検証し、整理されなければならないので、そのルール作りが必要となります。

観察する目やグループ活動が失われてきた理由は様々かもしれませんが、その要因を丁寧に紐解いていくことが今後の活動のあるべき姿を模索する上で重要な鍵になると思います。

地域の自然を観察する目を育てる　～地域の大学の役割～

地域の知の拠点である大学は地域の自然を理解するという点において大きく貢献できる存在の1つです。それは、大学が様々な人材が集う場所であり、また学術的な情報を得やすい場所であるからです。人材という点では何より次世代を担う大学生や大学院生が常に所属していることが大きいと思います。

これまで白神自然環境研究センターでは、自然環境や生物に興味のある大学生、大学院生の皆さんと様々な活動を行ってきました。その中で特に心がけていたのは市民の皆さんと共に野外調査などを行う機会を設けることです。特に市民研究家の皆さんの豊富な経験は、地域を知る上で非常に大切なものです。私自身も様々なことを教えていただき、大変勉強になっていますし、学生の皆さんにとっても、この上ない先生です。時には人生相談にものっていただくこともありますし、逆に学生さんも得意分野では先生となることもあります。お互いに楽しい時間が過ぎていきます。

また、当センターでは新たに2023年から白神 BioBlitz（バイオブリッツ）という活動を始めました（図2、図3）。BioBlitz とは主に欧米で行われている活動で、24時間で決められた地域の生物を網羅的に調べるといったものです。この活動の特徴は様々な分野の生物の研究者と一般市民が参加し、共に活動するところです。日本ではこれまでまだ数件しか行われていません。2023年6月24日～25日に青森県鰺ヶ沢町のブナ林約10haで行われた白神 BioBlitz では、様々な分野の研究機関に所属する研究者の他、県内の市民研究家、大学生や大学院生の皆さんもスタッフとして参加してくれました。小学生を含む県内外の多くの市民の方々と共に楽しい時間を過ごすことができ、その日のうちに種同定が出来た生物だけでも約800種（植物、菌類、昆虫、哺乳類、鳥類など）にのぼりました（後日種同定を行う種を含めると1,000種以上になる見込みです）。まだ実施に関しては試行錯誤中ではありますが、開催運営側としてはとても手ごたえを感じました。参加した大人、子供の境が無く楽しんだこと、スタッフとして参加してくれた大学生、大学院生の皆さんの活躍が光っていたことも印象的でした。皆さんも機会があれば是非参加してみてください。

大学として人材の育成はもちろん、活動をサポートする学術的な情報の整理や提供、また研究室レベルの調査研究活動、標本の収集など地域へ貢献できることは幅広くあります。その中で学生の皆さんは主役であり、原動力です。「昨日、帰り道にこんな生き物を見たよ」ひょっとすると、何気ない発見から広がる世界があるかもしれません。もしも、少しでも面白いなと感じたら、試しに一度、地域の自然に関わる活動を経験されることをお勧めいたします。

図２　白神 BioBlitz2023の参加者

図３　自然観察の様子

参考文献

１）環境省「30by30」（https://policies.env.go.jp/nature/biodiversity/30by30alliance/、最終閲覧2023年7月13日）
２）青森県レッドデータブック改訂検討委員会、青森県環境生活部自然保護課『青森県の希少な野生生物：青森県レッドデータブック（2020年版）』青森県、2020年。
３）秋田県生活環境部自然保護課『秋田県の絶滅のおそれのある野生生物：秋田県版レッドデータブック2014－維管束植物－』秋田活版印刷株式会社、2014年。
４）岩手県生活環境部自然保護課編『いわてレッドデータブック（2014年版）』岩手県生活環境部自然保護課、2014年。
５）宮城県環境生活部自然保護課編集『宮城県の希少な野生動植物：宮城県レッドリスト2021年版』宮城県環境生活部自然保護課、2021年。
６）山形県レッドリスト等掲載種選定委員会（植物版）編『絶滅危惧野生植物：レッドデータブックやまがた2013年改訂版』山形県環境エネルギー部みどり

自然課、2013年。
7）福島県生活環境部自然保護課『ふくしまレッドリスト2022年版』福島県生活環境部自然保護課、2022年。
8）細井幸兵衛、弘前大学白神自然環境研究所編『新青森県植物目録』弘前大学白神自然環境研究所、2018年。
9）藤原陸夫、松田義徳、阿部裕紀子『秋田県植物目録第11版』秋田植生研究会、2005年。
10）岩手植物の会編『岩手県植物誌』岩手県教育委員会、1970年。
11）岩手県『岩手県野生生物目録』、2001年。
12）宮城植物の会編『宮城県野生植物目録』、2022年。
13）宮城県植物誌編集委員会編『宮城県植物誌』宮城植物の会、2017年。
14）新山形野生植物目録編集委員会編『新山形県野生植物目録2019』フロラ山形、2019年。
15）結城嘉美『新版 山形県の植物誌』山形県の植物誌刊行委員会、1992年。
16）福島県維管束植物目録編さん委員会編『福島県維管束植物仮目録』、2020年。
17）福島県植物誌編さん委員会編『福島県植物誌』、1987年。
18）長尾キヨ『中里町今泉の植物：青森県中里町植物目録』青森県植物研究振興会、1978年。
19）原田敏弘『十二湖の植物：その目録』青森県植物研究振興会、1979年。
20）長尾キヨ『中里町今泉の植物：青森県中里町植物目録』青森県植物研究振興会、1978年。
21）西郡教育研究会理科部植物調査班編『車力村屏風山植物誌』車力村、車力村教育委員会、1979年。

おすすめの本

・八木浩司、齋藤宗勝、蒔田肇『白神の意味。』自湧社、1998年。
・伊藤元己『植物分類学』東京大学出版会、2013年。

Lecture 3　（実験＋観察）×確信＝発見

鳥飼　宏之

日常における発見

青森の森や公園を散策すると図1に示す様々なキノコが見つかります。図1(b) はアミガサタケといい、春に生え、クリームパスタの具として食べるとおいしいキノコです。図1(c) もタマゴタケという食べることができる夏のキノコです（注意：種別が同定できないキノコを食べることは危険です）。

さて、みなさんは複数人で森や林にキノコ狩りに行ったことはあるでしょうか？　キノコ狩りに行くと、しばしば「ずいぶん探しているのに、誰もお目当てのキノコを見つけられない……」なんてことがあります。そんなとき、誰か一人が目的のキノコを発見すると、それを皮切りに、同じモノを

図1　青森で見つけたキノコ（口絵6）

とりかい　ひろゆき　　理工学研究科 機械科学科　教授
慶應義塾大学にて博士（工学）を取得し2006年から弘前大学で働いています。専門は機械工学を基礎とした消火の研究です。また弘前市の男女共同参画プラン懇話会会長そして弘前大学漫画研究会顧問教員をしております。

次々と皆が見つけ始めるという経験をよくします。

このキノコ狩りにおける発見の連鎖には人間の心理が影響していると考えられます[1)]。例えば、最初は誰もが疑心暗鬼の状態でキノコを探し始めます。つまり「いくら探しても見つからないのでは？」という不安を抱えた状態です。この自分の行動に自信が持てない心理状態で探索を行うと、たとえ目的のキノコが視野に入ったとしても、意識の集中の低さゆえに対象物が周囲の風景に溶け込んでしまい、結果として気づかずに見逃すということが起きてしまいます。そんな中でも誰より強く存在を信じ、意識を集中して探していた者がいち早く第1発見者となります。第1発見者が現れると、その後の状況は一変し「間違いなく、この場にある」という確信が皆に共有されます。その結果、皆の集中力が高まると共に目的のモノをより容易に知覚できるようになり、第2そして第3の発見者が現れることになります。

ちなみに図1(a)、(e)、(f) は、時期に依りますが、弘前大学の文京キャンパスにも生えています。この文章を読んで、それらのキノコが弘大キャンパスに生えていることの確信を得た皆さんには、おそらく簡単に見つけることができるはずです。ぜひ時間のあるときに、文京キャンパス内を探してみて下さい。

科学・技術における発見

誰も知らない新しい事象を発見することはとても重要です。なぜなら、先に述べたキノコの発見の連鎖のようなことが、実際、科学・技術の発展の歴史でも起きているからです。つまり、誰かが未知の事象を発見することで、数多くの人がその事象の存在を確信し、やがて誰でも新しく発見された事実を簡単に再現できるようになります。そして新発見はしばらくすると科学の常識となり、それに伴って大きく技術や社会が進歩していくというものです。更に付け加えて言えば、新たな事象の発見には人としての何かしらの才能を必要とすることが多いのですが、ひとたび発見がなされてしまえば、その後は特殊な才能が無くとも追体験が可能となります。だからこそ科学・技術における発見者は大変貴重な存在であり、各研究分野にノーベル賞のような特別な賞が用意され、授与が行われていると言えます。

また現実的に、人が何か新しいことに挑戦するとき、「できる」という信念を持つことはとても大切と言えます。脳科学者の松本元は次のように述べています。

> 「脳は『できる』と確信すれば、『できる』方向に向け脳の活性を集中して、できると確信することを実現するように働く。したがって、確信させてくれるものが存在することは、脳にとって、そのものを実現する最も重要な要素なのである」
>
> （松木元　1996年：30ページ）

このことを踏まえると、これから新しいことに挑み、自身の専門領域や研究領域を確立していこうという若い人にとっては、自らの成功を確信させてくれる何かを心に有していることが重要になると言えます。例えば、それは「なりたい自分」と重なる「尊敬する人物」や「憧れの人物」のようなロールモデルを見つけることと同義と言えるかも知れません。なぜなら、そのような人物の存在が、きっと「自分にもできる」という確信を与え、将来へのひたむきな努力を可能とする強い信念を人に与えてくれると私は信じているからです。

かくいう私も、若いときから憧れを抱いている研究者がいます。それはマイケル・ファラデー（Michael Faraday、1791～1867）です。次章では、私が尊敬しているファラデーについて紹介します。

実験研究者 マイケル・ファラデー

皆さんはマイケル・ファラデーをご存じでしょうか？　ファラデー（図2肖像画）は、19世紀のイギリスで活躍した科学者です（当時はscientistという言葉はまだ無く、natural philosopherと呼ばれていました）。ファラデーは、表1に示すような数多くの発見と発明を行い、物理学・化学などの研究分野の発展に大きく貢献した非常に優れた実験研究者でした。

ただ、研究で大成したファラデーですが、その幼少期の生い立ちは決して恵まれたものではありませんでした。ファラデーが生きた当時のイギリスは階級社会であり、貧しい鍛冶職人の家に誕生したファラデーには労働者として生きる道しかなく、13歳で本屋の使い走りとして働き始め、やがて製本工の丁稚となりました[2)〜4)]。そのため、ファラデーは小学校程度の教育は受けましたが、現在の日本に生きる皆さんが当たり前に享受できるような正式な高等教育を受ける機会は全くありませんでした。

図２　マイケル・ファラデー肖像画
（出典）After George Richmond, The Met 公開資料

表１　Michael Faraday の発見と発明

Michael Faraday の発見と発明	
1821年	モーターの発明
1823年	塩素の液化に成功
1825年	ベンゼンの発見
1831年	電磁誘導の発見
1834年	電気分解に関する法則の発見
1835年	電流の自己誘導現象の発見
1837年	自己誘導現象の発見
1838年	真空放電現象の発見
1850年	場の概念の提唱

しかし、ファラデーは毎日そして何時間も製本作業を行う傍ら、製本した本を片っ端から読むということを行いました。その本と接する機会を通じて、ファラデーは電気と化学の分野に強く興味を抱き独学で学んでいきます。そして本の一部の内容に関して、自分で実験を行い検証していたといいます。このような過程を経て、やがてファラデーは科学者として生きることを夢見ます。そして、自身の階級を超えたところにある研究者の職を懸命に求め、幸運に恵まれ王立研究所（The Royal Institution）の化学者で発明家であるハンフリー・デービー（Humphry Davy、1778〜1829）の助手として、ファラデーは22歳のときに雇われることになります。

そこからは、ファラデーは独自の実験を通じて自然界に存在する一般法則を含め膨大な発見を次々と行っていきます（ただし、モーターの発明はファラデーが20歳のときに行っています）。更に、それらを論文として発表し、歴史に名を残す偉大な研究者としての地位を確立していきました。一方で、ファラデーが書いた論文には一つの大きな特徴がありました。それはファラデーの論文には、一切、数学的な表現つまり数式が使用されなかったということです（このファラデーが数式を使用しなかった理由として、ファラデーが正式な高等教育を受けていないからという説[2]もあれば、ファラデーが信仰していた宗教的な理由からであったという説[4]もあります）。

ファラデーは、知人への手紙の中で以下のようなことを伝えています。

「残念ながら私は、数学の学力と抽象的な推論をする知識に恵まれていません。余儀なく私は、事実を緻密に積み重ねているのです」
（ナンシー・フォーブスら　2016年：48ページ）

また別の手紙では、

「実験はなにも数学におじけることはない。発見で十分に対抗できる。そう思うと気持ちがいい」
（島尾永康　2000年：127ページ）

と記していました。

当時、ファラデーは数学が分からないと言うことに劣等感は感じておらず、むしろ数学を軽視して、数学的な思考を経ずに「人類の知の限界」に挑戦していたと考えられています。そして、ファラデーは未知なる現象へと切り込む最強の武器は「実験」と「観察」であり、物理的な世界の知識はすべて「実験」と「観察」によって獲得できると信じていました。実際、その信念の元に素晴らしい発見の数々を行っています。

このようなファラデーという実験研究者の存在は、まだ若く明確な専門性も何もなかった私に、新しいことに挑戦する上での大切な指針を与えてくれました。それは、たとえ他の人と比べて能力が劣っていたとしても、繰り返し実験を行いそして現象をよく観察することで自分だけの確信が得られ、それがこの世界を理解するための独自の発見につながるということでした。実際、私はこれまで、ファラデーの存在により得られた確信そして実験と観察を頼りに、火災の消火についての研究を行ってきました。その結果、世界を変えるほどのインパクトはないですが、私なりの消火研究における発見を行うことができました。そして、この独自の発見が、独立独歩で消火研究を行う大きな動機となっています。そこで次に、その消火研究における発見について紹介します。

消火研究における発見

ダイナマイトなどの爆薬を用いて火を吹き飛ばして消す爆風消火という方法があります。この方法は、油田などで生じる火勢が強く、通常の消火法では消せない火災に対して古くから用いられてきました。しかし消火がどのように達成されているか不明で、その消火機構は憶測で語られてきました。我々の研究室では、この爆風消火こそが国内で生じる地震火災や海外で生じている大規模林野火災に対する効果的な減災手段なんだと強く信じ、これまでに微小爆薬を用いた爆風消火実験を行い、消火現象を観察することでその消火機構の解明を行ってきています。

まず図3に爆風消火をシュリーレン法で撮影したものを示します。シュリーレン法とは空間中の密度変化を可視化する方法で、図3の各画像は、そ

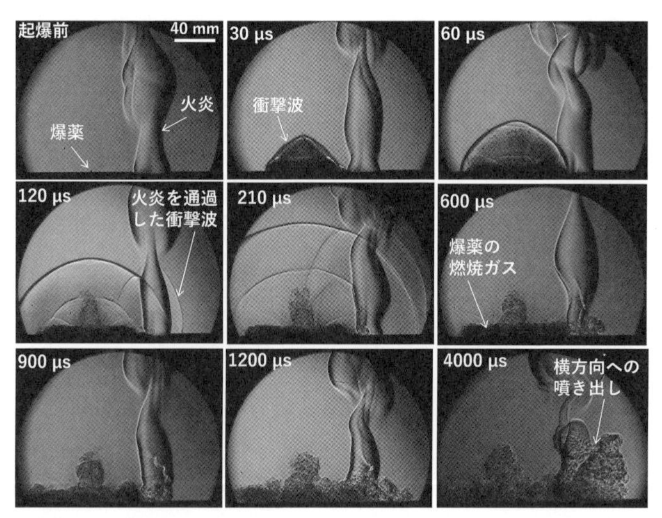

図３　爆風消火実験の消火過程を、側方からシュリーレン法を用いて可視化

れぞれ温度や圧力の違いによって空間中の密度が変化した領域を示しています。この方法は衝撃波の伝播挙動を観察しやすいのが利点です。また衝撃波とは、非常に大きな圧力勾配を有する波であり、空間中を音速よりも大きな速さで移動します（常温（20℃）、大気圧の空気中の音速は343 m/s）。そして消火対象にはメタン－空気拡散火炎を用いています。

図3から、起爆後30 μs に、爆薬の燃焼ガスが超音速で膨張し周囲の空気を圧縮して衝撃波を形成しています。そして120 μs で衝撃波が火炎を通過します。その後、火炎内に画像右方向に移動する流れが形成され、4,000 μs で火炎から横方向にその流れが勢いよく噴出している様子が見えます。このような過程を経て、最終的に図3の実験条件では消火が達成されます。しかし図3の観察からは衝撃波の挙動はよく分かるのですが、依然として、なぜ火炎が消えるのかがよく分かりません。そこで図4に示すように爆風消火過程を高速度カメラを用いて火炎直上から観察しました。

図4から、起爆後4.3 ms で、衝撃波が火炎を通過した後に衝撃波進行方向に火炎面がバナナのように変形することが分かります。そして時間経過とともに、曲がった火炎の中央部分が大きくつぶされます。この火炎の変形挙動は衝撃波と火炎との干渉によって生じた流れによるものであり、それは図3の4,000 μs の画像で見られた流れと同じです。そして更に、9.8 ms のように

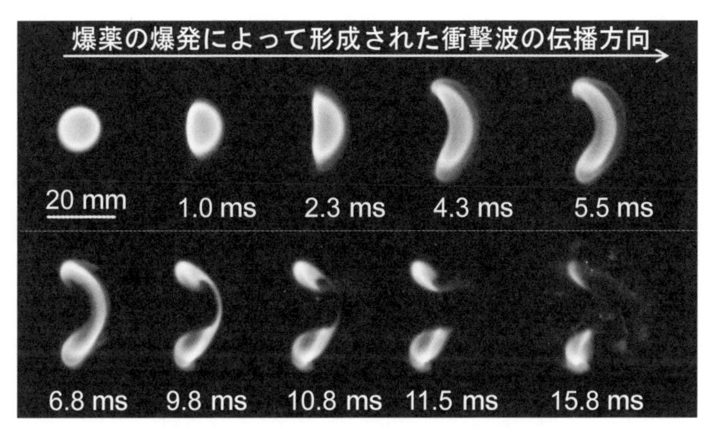

図4　火炎の直上から撮影した爆風消火の消炎過程（口絵７）
爆薬の爆発により形成された衝撃波と火炎との干渉により生じた火炎挙動

火炎が押しつぶされることで、火炎への空気中の酸素の輸送速度が極端に増加し、その結果、火炎面で生じている化学反応の速さが、その物質の輸送速度に追いつけず、最終的に11.5 msのように火炎面の一部が消炎します。この局所的に生じた消炎領域が、時間と共に火炎全体へと広がり、最終的に消火が達成されるということがわかりました。

このように爆風消火の消火機構は巷で言われているような単純なものではなく、よくよく観察すると非常に複雑な過程を経て消火が達成されています。この火炎面の変形挙動を引き起こしているのは流体力学的な不安定現象の一つRichtmyer–Meshkov不安定性というものです。このような流体力学的な不安定現象が、実は爆風消火において重要な役割を果たしているというのを明らかにしたことが我々の発見なのです。

自分だけの発見を求めて

このレクチャーを目にした皆さんが、研究という領域だけでなく、自分自身の人生においても独自の、素敵な発見をしてほしいと願って執筆してきました。若いとき、人はまだ何者でもないがゆえに希望を持って大胆に挑戦することができます。同時に、若いがゆえに自分を前向きに評価できる何事も手にしておらず、将来に対する不安にさいなまれます。このような自分への肯定と否定による煩悶こそ青春ともいえますが、やはりそれは決して精神的に楽な日々ではありません。

ですが、現状がどのような状況であっても、自身の生きている環境条件の中で、自身の将来への確信を与えてくれる何か（それは尊敬する人物であったり、夢であったり）を手に入れ、そして現実での経験と学びを頼りに、個々の人が独自の、それぞれにとって価値のある発見をしてもらえたら嬉しい限りです。きっとそのような発見は、生きる上で貴重なものになるに違いないと考えます。またもし、このレクチャーがわずかでも、皆さんにとってそのようなきっかけを与えるようなモノになれば望外の喜びです。

参考文献

1）松本元『愛は脳を活性化する（岩波科学ライブラリー42）』岩波書店、1996年。
2）ナンシー・フォーブス、ベイジル・メイホン、米沢富美子、米沢恵美訳『物理学を変えた二人の男：ファラデー、マクスウェル、場の発見』岩波書店、2016年。
3）井上勝也『新ファラデー伝：19世紀科学は何を教えているか』研成社、1995年。
4）島尾永康『ファラデー：王立研究所と孤独な科学者』岩波書店、2000年。

おすすめの本

・松本元『愛は脳を活性化する（岩波科学ライブラリー42）』岩波書店、1996年。
・宮崎駿『出発点：1979～1996』徳間書店、1996年。
・西澤潤一『独創は闘いにあり』プレジデント社、1986年。
・中村修二『怒りのブレイクスルー：常識に背を向けたとき「青い光」が見えてきた』ホーム社、2001年。

Lecture 4　歴史教科書を問う

小瑶　史朗

教科書を見つめなおす

日本の学校で学んできた皆さんは、ほとんど毎日のように教科書を用いた授業を受けてきたと思います。高校入試や大学受験などに際しては、教科書を片手に復習に励んだ人も多いでしょう。しかし、その慣れ親しんだ教科書がどのように作成されているのか、考えたことはあるでしょうか。また、教科書を用いた学習で、どのような力を伸ばすことができたでしょうか。逆に、知らず知らずのうちに視野を狭められたり、特定の見方や思考習慣を刷り込まれることはなかったでしょうか。教科書は学校のなかではある種の権威性を帯びているため、疑いの目を向けることや作成過程を問うことはほとんどなかったはずです。そこでこのレクチャーでは、歴史教育に焦点をあてながら、これまで何気なく使用してきた教科書の裏側を探り、その特性への理解を深めます。この作業を通じて、皆さんが身につけてきた歴史認識や知的態度の「癖」を浮き上がらせ、これからの大学での学びのあり方を展望してみます。

教科書をつくり、選ぶのは誰？

まず、教科書の巻末にある「奥付」をみると、書名や執筆者、出版社、出版年といった一般的な書誌情報に加えて「令和2年度3月24日　文部科学省検定済」といった文言が記載されているはずです。実は、教科書には「教科

こだま　ふみあき　　教育学部 社会科教育　教授
専門分野：社会科教育学・歴史教育。特に東アジアの平和構築や学習者の主体形成に寄与する歴史教育のあり方に関心を持っています。

用図書」という正式名称があり、その要件が法的に定められています。1948年に定められた「教科書の発行に関する臨時措置法」では学校における教科の「主たる教材」という位置づけが与えられ、「文部科学大臣の検定を経たもの又は文部科学省が著作の名義を有するもの」と規定されています。このように日本では教科書検定が制度化され、民間の教科書会社が作成した教科書を文部科学省が定める学習指導要領に照らして審査し、それを通過したものが「教科用図書」として正式に認可されます。そして、公立の小・中学校の場合、都道府県教育委員会が定める採択地区ごとに協議会が設置され、そこでの審議を経て地区内の全学校で使用する教科書が決定される仕組みになっています。青森県の場合は8つの採択地区があり、大半が複数の市町村を含んで設置されています（表1）。

表１　青森県の歴史教科書の採択状況（2023年）

選択地区	構成市町村	採択教科書
東青	青森市･平内町･今別町･外ヶ浜町･蓬田村	東京書籍
西北五	五所川原市･つがる市･鰺ヶ沢町･深浦町 板柳町･鶴田町･中泊町	東京書籍
中弘	弘前市･西目屋村	東京書籍
津軽南	黒石市･平川市･藤崎町･大鰐町･田舎館村	東京書籍
上十三	十和田市･三沢市･野辺地町･七戸町･六戸町･横浜町･東北町･おいらせ町･六カ所村	東京書籍
下北むつ	むつ市･大間町･東通村･風間浦村･佐井村	東京書籍
八戸	八戸市	東京書籍
三戸	三戸町･五戸町･田子町･南部町･階上町･新郷村	東京書籍

　ちなみに、この教科書検定制度が導入される以前は、文部省が作成した国定教科書を用いる時期が長く続きました。日本では1872年の学制発布により近代的な学校教育制度が整備されますが、発足当初は教科書を自由に発行・採択することができました。しかし、1904年から修身・国語・地理・歴史の小学校用教科書が国定化されたのを皮切りに、次第に対象教科が拡大し、1943年には中等学校の教科書も国定化へ移行しました。この国定教科書のもとで国家体制に忠実な皇国臣民の養成が進められてきましたが、敗戦後の民主化改革のなかで国家権力による教育への介入が問題視され、検定制度が導入されたのです。

　新たに導入された教科書検定制度は、当初、公選された教育委員会が検定の権限を持つことになっていました。しかし、印刷用紙の不足を理由に文部大臣が暫定的に検定を行うこととなり、物資不足が解消された後もこの状態が継続しました。また、教育委員会も1956年に公選制から首長による任命制に移行します。さらに、はじめは「試案」という形式をとり教師たちの手引書として示されていた学習指導要領も、1958年から法的な拘束力を伴う「告示」という形態で示されるようになり、それに基づく検定によって不合格教科書が発生する事態が起こりました。

このように国家による教育統制が再び強化されるなかで、高校日本史の教科書作成に関わっていた歴史学者・家永三郎は、1965年に教科書検定制度が憲法に違反していることを提訴する裁判を開始しました。その後、公立小・中学校における教科書採択のあり方についても、採択権を持つ教育委員会が必ずしも専門的知見を備えているとは限らず、児童・生徒や地域の実態を知る各学校に裁量を与えるべきとする主張や、教育委員会を経ることで政治的利害が持ち込まれることを危惧する意見なども示されています。

教科書の叙述スタイル

以上でみたように、日本の教科書は国家的な基準によって作成された児童・生徒向けの図書という性格を備えています。では、その歴史教科書の叙述スタイルにはどのような特質があるのでしょうか。まず、一読してすぐに気づくことは、国家を主語にした文章や国家のために活躍した人物の行為が数多く取り上げられる点です。この特徴は、小学校の教科書に顕著に示されています。小学校では第6学年で歴史を本格的に学びますが、学習指導要領は源頼朝や徳川家康といった代表的な歴史上の人物、および「奈良の大仏」（東大寺盧舎那仏）や金閣寺、浮世絵などの文化遺産を軸に学ぶよう指示しています。このような学び方は人物・文化遺産学習と呼ばれ、歴史的事象への関心を高め、具体的かつ共感的に理解させる効果が期待できるとされています。しかし、学習指導要領が取り上げる人物（42名）を指定しているため、教科書もこれらの人物を中心に編纂されています。中学校・高校の場合は人物史や文化史が基軸に据えられているわけではありませんが、国家にとって重要な出来事や国家史の枠組みのなかで顕著な業績を残した偉人などを中心に叙述するスタイルは共通しています。それでは、このような「国家」に軸足をおく叙述スタイルは、歴史のどのような側面を見えにくくしているでしょうか。ここでは、3つの点を指摘しておきます。

1点目は、ふつうの人々の私的な歴史が軽視されるという問題です。教科書には国家レベルの公的な次元での出来事が叙述されていますが、そのもとで生活を営んできた庶民の姿はなかなか浮かび上がってきません。公的な歴史ばかりが押し出されてしまうと、「私」と関連づけて歴史を学ぶことが難しくなり、自分には関係のない「遠い昔の出来事」や単なる「情報」として受け止める姿勢を生んでしまうかもしれません。また、「英雄」ばかりに注目すると自ずと男性中心の歴史に陥ってしまい、女性は文化史だけの扱いに留まってしまうといった課題も指摘されています。

2点目は、地域史の視点です。「鎌倉時代」や「室町時代」などの慣れ親しんできた時代名称からも明らかなように、教科書は各時代の政権所在地を中心に叙述されています。日本列島を構成する諸地域にも歴史的な営みが存在してきたわけですが、教科書はそうした地域的な多様性を捨象しがちです。私たちは特定の地域に身を置きながら日々の生活を営んでいますし、地域は私たちのアイデンティティを構成する一要素にもなっています。歴史的に形づくられてきた地域の個性や課題を知ることや、自らが暮らす地域を拠点にして日本史や世界史との関わりを捉えることなどは、現在の教科書では難しいと思われます。

3点目は、自国・自民族中心の見方・考え方に陥りやすいという点です。下に示した写真はソウルにある李舜臣（イ・スンシン）（1545～1598）の銅像で、背後には朝鮮王朝の王宮・景福宮の姿も確認することができます(図1)。李舜臣は豊臣秀吉の侵略行為に対して水軍を率いて抵抗した人物で、肖像画が紙幣に用いられたり、彼を主人公にしたドラマが制作されるなど英雄的な存在になっています。近年、日本の歴史教科書でも取り上げられるようになってきましたが、侵略された側が受けた被害の実相や抵抗する姿、そしてこの出来事が相手国の歴史のなかで持つ意味な

図1　李舜臣像(韓国・ソウル)

どを知る機会は少なかったのではないでしょうか。ちなみに、朝鮮王朝の始祖として景福宮（キョンボックン）を建築した李成桂（イ・ソンゲ）も日本と関わりが深い人物で、14世紀後半以降に朝鮮半島や中国沿岸部で略奪行為を繰り返していた海賊集団「倭寇」の鎮圧で名声を得ています。そして、朝鮮を植民地化した日本はこの象徴的空間である景福宮の敷地内に朝鮮総督府の庁舎を建造したのです。

図2　国際共同研究の成果物

このように、歴史的な出来事のなかには複数の国家・民族にまたがる事象が少なくありませんが、教科書は自国・自民族の視点でその事象を捉える傾向にあります。日本の歴史教科書の記述内容に対して近隣諸国が抗議を表明し、外交問題になったことを知っている人も多いでしょう。こうした歴史認識の溝を埋めるために、ドイツ／ポーランド間やドイツ／フランス間などで共通の歴史教科書を作成する試みが進められてきました。東アジアにおいても日本や韓国、中国などの歴史研究者・教師たちによって各国の歴史教科書の問題点を解明する共同研究や、各国の学校現場で共通に使用する歴史教材を共同開発する取り組みが重ねられています（図2）。また、2022年から高校の必修科目として新設された「歴史総合」は自国史と世界史の複眼的視野から歴史事象を捉えることを重要な課題に位置づけており、その動向が注目されています。

想像力を働かせる

以上で述べてきた教科書の特質と関連して、最後に「想像力」をキーワードに二つのことを付言しておきたいと思います。一つは、「された側」への想像力を働かせることの大切さです。歴史教科書には各時代の為政者や重要人物たちの行動の足跡、いわば「したこと」が羅列的に記されています。しかし、ある問題を解決するためにとった行為や政策が特定の人々に不利益を及ぼす場合がありますが、為政者や社会の主流派の側だけから歴史を眺めているとそうした排除された人々の存在を見落としてしまいます。

例えば、日本近代史研究者の鹿野政直（かのまさなお）は1890年に行われた第1回衆議院選挙を取り上げ、婦人運動家・市川房江がこの年を女性の政治的権利が「奪われた年」と認識していたことに注意を促しています。「日本人がはじめて参政権を獲得した年」として記憶している人が多いと思いますが、女性の視点に立つと「奪われた年」と見えてくるのです。同じような例として、1952年を挙げることができます。一般的には占領状態にあった日本が独立を回復した年として知られていますが、日本政府は講和条約の発効と同時に日本に滞在していた旧植民地出身者の国籍喪失の通達を出します。これにより、戦時中に帝国日本に組み込まれて戦争終結後も日本に留まった朝鮮や台湾の人々は日本国籍を失い、ほぼ無権利の状態に置かれて厳しい生活を余儀なくされました。中学校歴史教科書を制作している8社のうち、全社が日本の独立回復を扱っていますが、この朝鮮人・台湾人をめぐる状況に触れているのは帝国書院のみです。

このような周辺化された人々や少数者の側から歴史を読み解く作業は、現代社会をどのように見つめ、未来社会をいかに構想するかという問いと密接な関わりを持っています。抑圧された人々の視点から歴史を問い直そうとする課題意識それ自体が、現代社会への鋭い批判的認識に支えられているからです。そうした向き合い方は、歴史と現在・未来の間を往還する回路を拓くことになるでしょう。

もう1点は、消えていった可能性への想像力です。教科書を読んでいると、過去の出来事が淡々と羅列的に叙述され、歴史が予定調和的にあるいは直線的に進んできたような印象を抱きがちです。しかし、私たちが新型コロナウィルス感染症に直面した際に様々な選択肢や「問い」に向き合い、悩みながら判断を下して行動したように、歴史を生きた人々の前にも様々な可能性や「問い」が開かれていたはずですが、教科書には「実際に起きたこと」だけが叙述されています。過去を生きた人々が当面した「問い」や可能性を探ることで、当時の歴史的状況がより立体的に浮き上がってくるでしょうし、実際に辿った進路に対する理解がいっそう深まるはずです。このような歴史の見方は、私たちの未来もまた可変的であるという感覚をもたらし、過去と現在の歴史的な段階の違いを浮かび上がらせ、日々の選択や判断の参照枠にもなるでしょう。

違うレンズで歴史を眺める

以上、このレクチャーでは学校で使用される歴史教科書の特質を明らかにしながら、それに付随する歴史認識の問題点を指摘しました。教科書は多くの制約を背負ったメディアです。検定制度に加え、学校は授業時数が定められているため、いたずらにページ数を増やすわけにもいきません。様々な要素を盛り込んで1,000頁を超えるような教科書を作成したとしても、持ち運びが大変でしょうし、全ての内容を消化することはできないでしょう。とはいえ、このような制約を負いながらも、教科書作成に携わる人々は少しでも意味ある教科書になるよう工夫を重ねていることを強調しておきたいと思います。このレクチャーでは民衆史や女性史、地域史、他国史あるいは少数者の視点などに言及してきましたが、是非、自分が使用してきた歴史教科書を読み直し、こうした諸点を意識した工夫の痕跡を見つけ出してみてください。

国語の教科書に掲載されている小説や詩には必ず作者名が記され、その作品に対して解釈の余地が広がっていたはずです。しかし、歴史教科書は誰がどの部分を執筆したかがはっきりせず、叙述されていることが「唯一の正しい歴史」として迫ってくるような印象を抱きがちです。それにより、歴史に対する関心や想像力を封印してきた人も多いでしょう。その封印を解いて「さまざまな歴史」に触れてみてください。その際、高校までの学習のなかで知らぬ間に設定されていた「中心」を意識的にずらし、「周辺」や「他者」への想像力を深めていってほしいと願っています。教科書とは違うレンズで眺めると、きっと新たな関心や気づきが得られるはずです。また、教職を目指している人は、ここまで述べてきたような教科書の特質を踏まえたうえで、それとどう付き合っていけばよいのか、授業を通じてどのような力を獲得させるべきなのか、そのためにどんな学習活動を組織すればよいのか、といった点を一緒に考えていきましょう。

参考文献

1）俵義文『戦後教科書運動史』平凡社、2020年。
2）鹿野政直『歴史を学ぶこと（岩波高校生セミナー1）』岩波書店、1998年。
3）成田龍一『戦後日本史の考え方・学び方』河出書房新社、2013年。

おすすめの本

・小瑶史朗、篠塚明彦編『教科書と一緒に読む　津軽の歴史』弘前大学出版会、2019年。
・歴史教育研究会編『日韓歴史共通教材　調べ・考え・歩く　日韓交流の歴史』明石書店、2020年。

Short Essay 1　出会い文化と少子化
― 見合い、合コンからマッチングアプリへ ―

羽渕　一代

現代日本社会において、少子化は非常に厳しい問題となっています。ただその根本的な問題を認識し、人口問題に関わる家族政策や経済政策をとることは難しいのです。なぜなら、日本人の多くは結婚しなければ子どもを作らず、さらに結婚については恋愛や交際を経ることが一般的になっており、結婚するかしないかということも自己決定に任されているからです。

あたりまえのことだと思うかもしれません。でも日本で結婚が個人の自己決定で可能となったのは、約50年前からです。つまり、今70～80歳代の方々の結婚の多くは、社会的規範に従い、自身の決定ではなく周囲の人たちの決定によって決められたものでした。もちろん、恋愛結婚が新しい親密性の文化として認識されはじめた時代に若者だったので、中には恋愛結婚、もしくは見合いであっても結婚を自己決定した人たちもいます。

この頃、親や親戚、職場や近所の人たち、結婚紹介所が、年齢的・経済的・家柄的につりあう相手を探し、若い独身者に紹介していました。現在のマッチングアプリの役割を人間がおこなっていたわけです。ただし、多くの場合、職場の上司や両親や親戚が仲人を引き受けて紹介するわけですから、紹介されたなら断る権利はありませんでした。

断るということは、仲人の顔をつぶすことになるので、お見合いで先方に会ったら最後、よほどのことがないかぎり結婚しなくてはならなかったのです。中には、お見合いすらなく、結婚式当日まで結婚する相手に会わなかったという人もいます。当時、「結婚はしなくてはならないもの」という社会

はぶち　いちよ　　人文社会科学部 情報行動　教授／附属図書館長
岡山県生まれ。東京学芸大学卒業、奈良女子大学大学院単位取得退学。博士（学術）。メディア利用の深化と親密性の変容について社会学的研究をおこなっている。とくにメディア利用と性行動・恋愛行動を専門に扱っている。

的規範が強かったため、相手の良し悪し、ましてや性格が合うかどうかなど二の次だったのです。このような社会であれば、多くの人々は嫌でも結婚します。

1970年代、恋愛が流行しはじめた頃、「合ハイ」と呼ばれる大学生文化がありました。男子学生と女子学生が合同でハイキングに行くという活動です。どうせ結婚するなら、結婚できそうな相手を自分でみつけたい、という若者は積極的に参加していたようです。そして「合ハイ」は少しずつ廃れていき、1980年代後半から「合コン」という学生文化が盛んになります。「合コン」とは合同コンパの略です。

2000年代初期、約20年前のデータを確認すると大学生の4割は「合コン」に参加していました[1)]。現在では「合コン」経験者は1割未満です。いっぽうで、マッチングアプリの利用経験者が増加しています。筆者が実施した2021年の全国調査によれば20歳代の5%程度がマッチングアプリを利用したことがあると回答していました[2)]。その1年後の2022年の全国調査では約17%にまで増加しています[3)]。「合ハイ」や「合コン」の出会い文化では、まだ人間の仲介が介在しています。したがって関係性のなかで、恋愛交際や結婚に向けた過程を経ることができます。しかしマッチグアプリ利用は完全に個人の選択のみにゆだねられるわけです。外圧がなければ、個人の人生を左右する決定は難しいものです。

結婚や出産を自己決定できる社会であれば、当然、結婚も出産もしない人が増えてもおかしくはありません。人口減少は当然の結果です。もし人口を増やしたいのであれば、子どもを生み育てることを社会的に強制しなくてはならないのです。しかし自由民主主義を理想とする以上、そのような制度はナンセンスです。1960年代以降、日本の若者は自由に恋愛からの結婚を選ぶことができるようになり、結婚をしないという自己決定も尊重されるようになりました。したがって社会学的な調査・研究から導かれる結論は「日本の人口減少は止まらない」ということになります。将来、わたしたちはどのような社会で生きたいのか、考えていく必要があるでしょう。

参考文献

１）羽渕一代「出会い文化の変遷－マッチングアプリの利用にいたる途」林雄亮・石川由香里・加藤秀一編『若者の性の現在地：青少年の性行動全国調査と複合的アプローチから考える』勁草書房、2022年。
２）羽渕一代「マッチングアプリ利用の現在：アーリーアダプタの属性とその傾向」『メディア研究』102号、2023年、5-20頁。
３）青少年研究会ホームページ「若者の生活と意識に関する調査」「生活と意識に関する世代比較調査」調査結果分析報告書 http://www.jysg.jp/img/JYSG2022researchreport.pdf、最終閲覧日2024年5月23日）

おすすめの本

・林雄亮、石川由香里、加藤秀一編『若者の性の現在地』勁草書房、2022年。
・藤村正之、浅野智彦、羽渕一代編『現代若者の幸福－不安感社会を生きる』恒星社厚生閣、2016年 。

Short Essay 2　献名と菌株

田中　和明

「この菌が観られたら菌学者を引退してもいいな」と、私がよく口にしていた美しい菌がいます。その名をナグラジョマイセス・ディクティオスポルスといいます（学名は *Nagrajomyces dictyosporus*: 以下、ナグラジョマイセスと属名のみを記します）。ロシアのキバナシャクナゲから新属・新種の菌として1984年に記載されて以来、報告のない珍菌です。菌類分類学の大家であるナグ・ラジさんの研究業績を称え、ロシア人菌学者のメルニックさんが命名しました。その属名は、Nagraj（ナグ・ラジ）+ o + myces（菌）という意味をもちます。つまり、ナグ・ラジ菌です。我々菌学者は、対象者を最大限にリスペクトして「献名」するのです。上記の菌の命名者であるメルニックさんは、この菌に相当の思い入れがあったらしく、ナグラジョマイセスの胞子をデザインした蔵書印を使用していました（図1）。

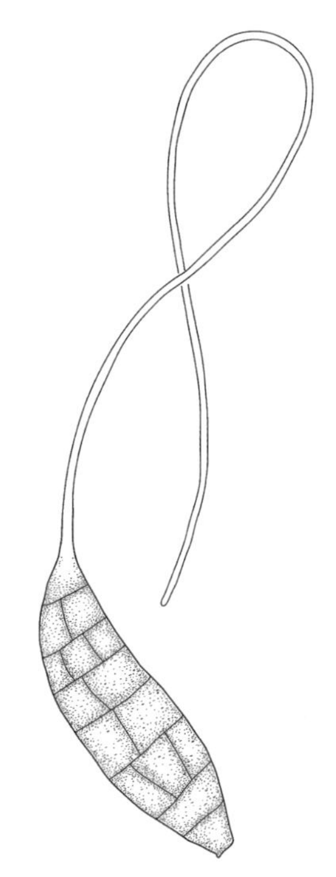

図1　ナグラジョマイセスの胞子
メルニックさんの蔵書印にデザインされていたものを参考に作図

その後、この菌はナグ・ラジさん自身によっても観察されました。基準標本をベースに、これでもかというぐらいに美しい線画がナグ・ラジさんによって描かれています。1,101ページにもおよぶ大モノグラフを、ナグ・ラジさんは1993年に

たなか　かずあき　　農学生命科学部 食料資源学科　教授
コメディ映画「ゴーストバスターズ」（1984 年、米国）で、変人のスペングラー博士が趣味について尋ねられ、「胞子とカビとキノコの採集」と答えていました。自分のことかと思い焦りました。専門は菌学、植物病理学。

発表しますが[1]、そのなかでもひときわ目を引くのがナグラジョマイセスです。ナグ・ラジさんが自身に献名されたナグ・ラジ菌の線画を丹念に仕上げていく様子は、思い浮かべるだけでも奇妙な構図ですが、それはさておき、冒頭の私の言葉もこのモノグラフを眺めていた時に出てきた感想でした。

私のナグラジョマイセスとの対面は、思いのほか早く訪れました。本学の名誉教授である原田幸雄先生が、2008年にお土産として持ってきてくださったハクサンシャクナゲの枯枝に、ナグラジョマイセスがいたのです。私は血圧が上がるのを感じつつも、驚きの声をあげることはせず、当時いた大学院生に顕微鏡を覗くよう促しました。その大学院生は顕微鏡を覗くなり「引退ですね！」と嬉しそうに大笑いしました。もちろん本当に引退するはずはなく、私はこの菌の純粋培養株や塩基配列データを取得するなど研究を進めました。1標本しかないのは心もとないので、原田先生が本菌を採集した場所に私もたびたび訪れ、サンプリングを試みましたが、まだ1度も自分自身で本菌を採集したことはありません。私はこれからも事あるごとにハクサンシャクナゲの枝をつまみあげ、菌の有無を確認するでしょう。原田先生のお言葉を借りれば「採集は採集を呼ぶ」のです。

さて、私はナグラジョマイセス再発見のニュースを、本菌の命名者であるメルニックさんに連絡しました。メルニックさんは大喜びし、本菌の貴重な基準標本の一部をわざわざ譲与してくれました。メルニックさんは原稿チェック能力の高い方で、私は投稿前の論文に赤を入れていただいたことが何度もあり、とてもお世話になっていました。メルニックさんに献名したくて、とびきり美しい菌にメルニキアという仮の名前をつけ研究室内で呼んでいましたが、この学名は2016年に、他の研究グループが使用してしまいました。ナグラジョマイセスについては、いつか共著論文にしましょうと約束していたのに、私は論文をなかなかまとめきれず、そのようななか、2017年に80歳でメルニックさんはお亡くなりになりました。

私の尊敬するある同業の方が、「虎は死して皮を残し人は死して株を残す」と言っています（虎は死して皮を残し人は死して名を残す、を言い換えて）。私の死後も、私が残した菌株たちは冷凍庫に保管され、生かされ（眠らされ）、次世代の方々の研究材料となり、運が良ければ日の目を見るのかもしれません。相手は小さな微生物ですが、それは我々が1世代ではどうにも対応できないほどの多様性を誇る生物群です。研究材料の菌株を次世代へ残しつつ、長い目で見て取り組んでいくことが必要な研究分野であるといえます。

参考文献

1）Nag Raj T. R. *Coelomycetous anamorphs with appendage-bearing conidia*. Mycologue Publications, Waterloo, 1993.

おすすめの本

・リチャード・バック、村上龍訳『イリュージョン』集英社文庫、1981年。

Short Essay 3　音楽を学ぶ入口

小田　直弥

「音楽は世界共通の言葉」と聞き、疑問をもった当時の私は小学生でした。モーツァルトやショパンの音楽は分かるような気がしたのですが、アラブ音楽を聴いてもよく分からなかったのです。この引っ掛かりに今一度向き合うきっかけは、学部時代の民族音楽学の授業でした。「音楽が世界共通の言葉であるというのは誤りです」、先生のこの一言とその考え方が、私にたくさんのことを思考させ始めました。

音楽は世界のいたるところで生まれ、それぞれの文化、歴史、言語などと密接に関わりながら発展していきました。ゆえに音楽行為の目的や着想、また音階やリズムといった音楽を構成する要素も実に多様です。そのため、音楽を「世界共通の言葉」と言い切ることには慎重になりたいのですが、「音楽」が「言葉」であることについては正しいと考えるようになりました。音楽には、書き言葉や話し言葉（自然言語）のように指示対象を具体的に示す機能はないのですが、代わりに感情や雰囲気のような、抽象的な対象を示せることに特徴があります。言葉を尽くしても表しづらい、けれども確かに存在する何かを、自然言語とは異なる方法で表し、他者との共有を図ろうとする言葉が音楽であると思われるのです。

「音楽」と「言葉」、これは自然に学部・院生時代の私の研究テーマとなりました。音楽における言語を音言語と呼ぶこと、音が聴き手に何かしらの心理的な効果をもたらすと仮定して演説をヒントに音楽の理論を構築しようとした時代があること、自然言語と音楽の共通性を調べようと、文法と和声の比較がすでになされていたことなど、研究を進めれば進めるほど夢中になり

おだ　なおや　　教育学部 音楽教育　助教
国内外で声楽を学んだ後に、声楽の共演ピアニストとして活動を行う。近年では主にイタリア、ドイツ、フランス、英米、日本における歌曲作品の研究と実践に取り組む他、新作初演や歌曲作品の再発見に力を入れている。

ました。そうして、今では声楽作品の演奏を専門とするピアニストとして、詩と音の2つの言葉をもつ音楽作品の演奏と研究を行っています。

一例を紹介します。青森県出身の寺山修司（1935～1983）による組詩『木の匙』は中田喜直（1923～2000）によって付曲され、「悲しくなったときは」は特に有名になりました。10音（かなしくなったときは）＋7音（うみをみにゆく）による響き（音数）が、この作品の基調として詩の最初と最後に置かれ、間に挟まれた部分には定まった音数が無いように見えますが、分解すると5音と7音が見えてきます。こうした詩への気づきは、楽譜の分析に役立ちます。例えば、10音＋7音の響きが崩れた9音＋7音の箇所では作曲家は変拍子を用いて、音楽に変化を与えていることが分かります。加えて意味論の観点から考えると、詩中で用いられる「ああ　海よ」という言葉には、いつかは命が絶え、悲しみも終わる「私」（人間）と、終わることのない命をもつ海、つまりは終わらない悲しみをもつ海は「私」よりももっと悲しい、という想いがあることに気づきます。作曲家はここで転調を伴い、高い音域かつ大きな音量（フォルティッシモ）を求めており、「私」の想いに音楽も沿っていることが分かります。

演奏は音楽行為である一方で、私が専門とする声楽作品の演奏には、音楽に限らない幅広い分野の知識と感覚が求められます。詩を読むこと1つとっても、その時代や社会、歴史、宗教、周辺の芸術領域、詩人のユニークな価値観、境遇等を丁寧に見ていく必要があります。ピアノで演奏表現するためには楽器特性として物理法則の知識が不可欠であり、また人体の構造を知らずして、指や腕等を効果的に使い、コントロールすることは不可能でしょう。演奏を組み立てるためには心理学の知識も必要です。こうして音楽や関連分野を学び、少しずつ音楽が見えるようになるほどに、実は、演奏は難しくなっていきます。一音が膨大な知識と経験の結晶となり、一音を鳴らすことに責任を感じるようになるからです。これは知識人ゆえの責任とも言えます。しかし、この責任とともに演奏する覚悟と勇気の先にこそ、まだ会ったことのない音楽、自分、そして世界が見えるようになると思うのです。

「音楽は世界共通の言葉」。研究者によっても見解が異なるこの一言について、あなたはどのように考えますか。もしも疑問をもったならば、たくさん思考し、私の研究室までおいでください。思考すること、行動すること、それが音楽を学ぶ入り口になると信じています。

おすすめの本

◆音楽を学ぶために

・ジャン＝ジャック・ナティエ、足立美比古訳『音楽記号学』春秋社、2005年。
・G. トラシュブロス・ゲオルギアーデス、木村敏訳『音楽と言語』講談社、1993年。
・フィリップ・ボール、夏目大訳『音楽の科学』河出書房新社、2018年。

◆ピアノの奏法を学ぶために

・古屋晋一『ピアニストの脳を科学する：超絶技巧のメカニズム』春秋社、2012年。

◆各言語の歌曲を学ぶために

・天野恵、鈴木信吾、森田学『イタリアの詩歌：音楽的な詩、詩的な音楽』三修社、2010年。
・岸本宏子『ルネサンスの歌物語』音楽之友社、1989年。
・ヴァルター・デュル、喜多尾道冬訳『19世紀のドイツ・リート：その詩と音楽』音楽之友社、1987年。
・ピエール・ベルナック、林田きみ子訳『フランス歌曲の演奏と解釈』音楽之友社、1987年。
・Ruth C. Friedberg and Robin Fisher. *American Art Song and American Poetry* (2nd eition). Scarecrow Press, Lanham, 2012.
・Trevor Hold. Parry to Finzi: *Twenty English song-composers*. Boydell Press, Woodbridge, 2002.
・川本皓嗣『日本詩歌の伝統：七と五の詩学』岩波書店、1991年。

Short Essay 4　異文化体験で学生の成長を促す
― 弘前大学イングリッシュ・ラウンジにおいでよ！ ―

多田　恵実

弘前大学イングリッシュ・ラウンジは自律学習支援センター（ＳＡＬＣ：Self-Access Learning Center）として2012年に設立され、本年で12年目を迎えました。当時「弘前大学学生の実用的英語力に対する地元産業界からの」要請があり、「本学学生の英語運用力を在学中に向上させるために創られ」ま

図１　イングリッシュ・ラウンジで留学生と会話を楽しもう！

ただ　めぐみ　　教育推進機構　准教授
弘前出身、イングリッシュ・ラウンジ代表。東京で大学院修士を取得後、英語が共通語の外資系コンピューター会社で働き、青森県で子育て中に三沢基地内にある米軍軍属の為の米国の大学で勉強。その後大学教員になりました。皆さんが楽しく英語を学べるよう、工夫しています。

した[1)]。「楽しく学ぶ場を提供する」をコンセプトに、現在は教養教育開発実践センターの専任教員のうち5人が主体となって運営しております。

イングリッシュ・ラウンジでは学生が自らの興味やニーズに基づき学習内容を選択し、自身のペースで学びを進めます。全ての活動は参加自由で、履修登録は不要、宿題もありません。主な活動としては、前後期の期間中、毎週展開されているセミナー、海外からの留学生との会話サークル、英語を中心とする書籍や多読教材、そして教員が企画する講演会、英語のゲームやパーティー等、様々なイベントが楽しめます。最新利用データではセミナー参加、会話サークル参加、書籍利用が約3割ずつを占めます。

イングリッシュ・ラウンジのセミナーは「『英語を学ぶ』と同様、『英語で学ぶ』をモットーに」[1)]、明るいセミナー・ルーム、大きな電子黒板で様々な教材を使い、火曜から金曜まで、現在は週12コマ行われております。各教員がそれぞれの専門性や背景を生かして選び抜いた様々なトピックで学生の興味やニーズに合わせ展開しています。自由参加なので、同じセミナーに毎週参加しても、いろいろなセミナーに出ても、それは個々の学生の自由です。自分に合った、最も興味のあるもの、必要としているものを選んでください。少人数クラスで、90分授業ですので、聞きたいことがあれば、教員に直に相談できます。一部の県内協定校の高等学校には、夕方からのセミナーや週末のインタラクティブな活動型のワークショップをZoomで配信していますので、高校の時、参加したことがあった人もいるかもしれません。

会話サークルでは本学で勉学中の世界各国からの英語に堪能な留学生の協力を得て、共通語である英語での会話の練習ができます。イングリッシュ・ラウンジ・サポーターとして活躍中の彼らは、言語だけでなく、各国の文化や習慣、本国協定校の事情について教えてくれる大変貴重なambassadorです。ぜひ積極的にお話しして、世界の知見と留学への足掛かりを得てください。最近では、それぞれ出身地の母語の自主的な会話サークルを開いているサポーターさんも。楽しくお話しして、留学生さんとお友達になりましょう。語学だけでなく、会話の際のスキルや礼儀などのヒントにもなるでしょう。皆さんが、文化的な違いを乗り越えて、世界で活躍できるきっかけになるかもしれません。

主に英語を中心とする書籍や英語能力テストの参考書もよく利用されています。また、これらの書籍を使った学習方法についての個別指導、英文添削(1回に一定量）も受けられますので、ぜひ担当教員や受付の学生スタッフに問い合わせてください。

先生方が各担当科目の指導や研究のほかに企画してくださるのがイングリッシュ・ラウンジでの各種イベントです。日本では珍しいボード・ゲームや、季節の行事に合わせたイベントを先生方が創意工夫を凝らしてくださっています。特別講演会シリーズとして行っているイングリッシュ・ラウンジ・フォーラムは語学学習法、キャリア形成、多文化コミュニケーションをテーマに学内や国内外の講師を招き年に10回程度、行っています。

最近の講演で、外資系半導体企業の重役の方が参照した言葉、"If you want to go fast, go alone. If you want to go far, go together. (African Proverb)"とは、まさにイングリッシュ・ラウンジにぴったりの言葉です。世界の仲間を作って共に成長しましょう。弘前大学イングリッシュ・ラウンジにおいでよ！

参考文献

1）弘前大学国際教育センター英語コミュニケーション部門編『弘前大学国際教育センター英語コミュニケーション部門活動報告書：2012-2014年度』弘前大学国際教育センター英語コミュニケーション部門、2015年。

おすすめの本

- Marjane Satrapi. *Persepolis*. Pantheon Books. New York City. 2007.
- 藤原てい『流れる星は生きている』中公文庫、2002年。

第3章

Change

Lecture 1　ジャンボよりもワラハ、ガジャンよりもワッテェー
― 反射的な楽しさから内省的な楽しさへの転換 ―

新永　悠人

1節　「方言は珍しいなぁ」の先にあるもの

まず、以下の（1a）と（1b）のことばの意味が分かるでしょうか？　ちなみに、どちらも標準語ではなく、（1a）は津軽方言（青森県の西部一帯で話されていることば）、（1b）は奄美方言（鹿児島県の奄美大島で話されていることば）です。標準語から推測しても、おそらく正解にはたどり着かないはずです。

（1a）ジャンボ
（1b）ガジャン

正解をお伝えします。（1a）のジャンボは、津軽方言で「いが栗頭」またはその状態の髪を指すことばです[1)]。「ザンギリアタマ（散切頭）」と「ボウズアタマ（坊主頭）」との合成語である「ザンボアタマ」の発音が変化してできたとの説があります[2)]。（1b）のガジャンは、奄美方言で「蚊」を意味することばです（こちらの語源は不明）。

さて、このような方言のことばを知ると、方言は珍しいなぁという気持ちを強くしますよね。このときの「珍しいなぁ」は「標準語とだいぶ違うことばだなぁ」という意味だと思います。その前提には「同じ日本語なのに」、

にいなが　ゆうと　　人文社会科学部　コミュニケーション　准教授
北琉球語（奄美語・沖縄語）の文法書（正確には総合的記述文法書）を書いています。人類の自然言語には、大きく音声言語と手話の2種類がありますが、近い将来、手話の研究にも関わりたいと思っています。

あるいは「同じ日本で話されているのに」という気持ちがあるはずです。なぜなら、たとえば英語には（1a）に近い意味では「buzz cut」、（1b）の意味では「mosquito」ということばがありますが、先ほどと同じような感じで「珍しいなぁ」と思うことはないと思います。

このように、「同じ日本で話されているのに、標準語とだいぶ違うことばだなぁ」と不思議に思うのは、方言に対する興味を持つ大事な最初の第一歩だと思います。それでは、第二歩目は何でしょうか？　この第二歩目については、その「足の出し方」（＝対象への迫り方）に関して、大きく2つのパターンが存在すると思います。

まず、第二歩目の「足の出し方」でよくあるパターンは、「語源を探る」というものです。さきほどの「ジャンボ」に対して、なぜそのような発音になったのか疑問に思い、その語源として「ザンボアタマ」を提案する（加えて、可能な限り文献上の証拠なども探す）というのがその例です。方言の中にある珍しい発音のことばに関しては、確かに語源を探りたくなるものですよね。ただし、すべての珍しい発音について語源を探ることが可能なわけではありません。たとえば、さきほどの奄美方言で「蚊」を意味するガジャンの語源は不明です。語源を明らかにするためには現在の日本各地の方言の古い時代の文字資料が必要ですが、日本の方言に関してはそのような資料が非常に限られているのが現状です。したがって、方言の珍しいことばの語源については、探ることが難しかったり、客観的な（より専門的に言えば「比較歴史言語学的」な）証拠が無いままでの主観的な推測に終始してしまう危険があります[3)]。

次に、第二歩目の「足の出し方」のもう1つのパターンは、方言内（または方言同士）の規則性・不規則性に注目するというものです。こちらは、「語源はともかく、それぞれの方言において、どのような規則性・不規則性があるか」を探るというものです。次節で具体例を見てみることにしましょう。

2節　方言内(または方言同士)の規則性・不規則性への注目

以下の図1には1人称（「私」）を含む3つのパターンが示されています。Aは「私」が1人だけの場合。Bは「私」ともう1人で合計2名。Cは「私」ともう2人で合計3名からなる集合です。

一方の図2には、「こども」から成る3つのパターンが示されています。Dは「こども」が1人だけの場合。Eは「こども」が2人の場合。Fは「こども」が3人の場合です。

さて、みなさんの知っている言語・方言で、AからFまでの対象をどのように言うか、少し考えてみてください（紙に書き出してみるのも良いでしょう）。

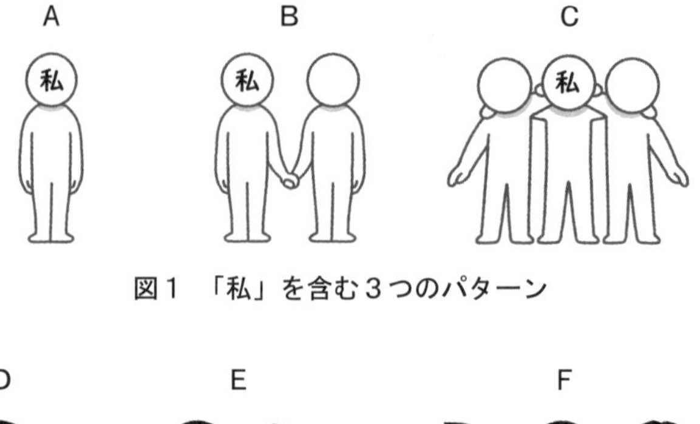

図１　「私」を含む３つのパターン

図２　「こども」から成る３つのパターン（口絵８）

いかがでしたか？　それでは、私も上記のAからFを意味することばを、東京方言、津軽方言、奄美方言の3つから示したいと思います（以下では、いわゆる「標準語」を他方言と同列に扱うために「東京方言」と呼ぶことにします)。次の表1をご覧ください。

表１　東京方言・津軽方言・奄美方言の比較

【代名詞】	東京方言	津軽方言※	奄美方言※※
A.「私」のみ１人	ワタシ	オラ	ワン
B.「私」を含む２人	ワタシタチ	オランド	ワッテエー
C.「私」を含む３人	ワタシタチ	オランド	ワーキャ
【普通名詞】	東京方言	津軽方言	奄美方言
D.「こども」が１人	コドモ	ワラシ	ワラブィ
E.「こども」が２人	コドモタチ	ワラハンド	ワラブィンキャ
F.「こども」が３人	コドモタチ	ワラハンド	ワラブィンキャ

※　ここでの「津軽方言」は青森県の平内（ひらない）方言のデータ[1)]
※※　ここでの「奄美方言」は奄美大島の湯湾（ゆわん）方言のデータ[4)]

まず、東京方言の場合であれば、Aは「ワタシ」、BとCはどちらも「ワタシタチ」と言いますね。また、Dは「コドモ」で、EとFならば「コドモタチ」と言えます。

では、津軽方言の場合はどうでしょうか？　まず、Aは「オラ」となります（他にも津軽方言の1人称には「ワ」という代名詞もありますが、今回は議論を簡単にするため「オラ」のみを議論します[1)]）。そして、BとCは「オランド」になります。一方、Dは「ワラシ」ですが、EとFは「ワラハンド」になります。

最後に、奄美方言の場合を見てみましょう。まず、Aは「ワン」ですが、Bは「ワッテエー」で、Cは「ワーキャ」となります。一方、Dは「ワラブィ」ですが、EとFは「ワラブィンキャ」となります。

ここで問題です。今回は、「奄美のワンの語源は何だろう？　ワラブィの語源は童（わらべ）かな……？」という気持ちをグッとこらえて、虚心坦懐に表1のデータを見てみてください。すると、多くのことに気づくと思います。少なくとも、私は3つのことに気がつきます（もっと探せばさらに2つくらいありそうです）。大事なことは、「東京方言と津軽方言ではXだけど、奄美方言ではYだなぁ」というように方言同士の規則性・不規則性に注目することです。あるいは、「津軽方言では代名詞のときはPだけど、普通名詞のときはQだなぁ」というように方言内の規則性・不規則性に注目することです。

さぁ、少し時間を取って、ご自身で表1に潜む特徴を明らかにしてみてください。準備ができたら、次の節で一緒に謎解きをすることにしましょう。

3節　東京方言・津軽方言・奄美方言の比較から見えてくる特徴

表1には、少なくとも以下の3つの特徴が潜んでいます。

表1の方言間（または方言内）に見られる3つの特徴
(2a) 奄美方言では、代名詞のときに「2人」と「3人以上」を区別する
(2b) 奄美方言では、代名詞の数の区分（1人 vs. 2人 vs. 3人以上）と普通名詞の数の区分（1人 vs. 2人以上）が違う
(2c) 津軽方言には、「こども」の発音に「ワラシ」と「ワラハ」の2種類がある

以下に順に見て行くことにしましょう。

(2a) については、東京方言と津軽方言はどちらも代名詞のときに「2人」(B) と「3人」(C) を区別しませんね（東京方言ならどちらも「ワタシタチ」、津軽方言ならどちらも「オランド」になります)。しかし、奄美方言を見てみてください。「2人」のときは「ワッテェー」ですが、「3人」のときは「ワーキャ」となりますね。つまり、私を含むまとまりが、合計2人の場合と、合計3人（正確には3人以上）の場合をはっきりと区別するのです。図1に戻って、左から順に言ってみてください。ワン (A)、ワッテェー (B)、ワーキャ (C) です。不思議ですね……。

みなさんは英語の授業で「単数形」と「複数形」という言葉を習ったことがあると思います。英語ならIは単数形で、We は複数形ですね。同様に、東京方言ならば単数形はワタシで複数形はワタシタチとなり、津軽方言ならば単数形はオラ、複数形はオランドです。しかし、奄美方言は違います。合計2人の場合を特別に表す形式、言語学で呼ぶところの双数形（そうすうけい）を持っていま

す（双数形は他の言語､例えばハワイ語やアラビア語などにも存在します）。つまり、奄美方言では、単数形のワン、双数形のワッテェー、複数形のワーキャの3種類があるということが分かりますね。以上のことを表2にまとめておきます。

表２　東京方言・津軽方言・奄美方言の1人称代名詞の体系

	東京方言・津軽方言	奄美方言
A.「私」のみ１人	単数形（ワタシ・オラ）	単数形（ワン）
B.「私」を含む２人	複数形（ワタシタチ・オランド）	双数形（ワッテェー）
C.「私」を含む３人		複数形（ワーキャ）

表2からは、東京方言と津軽方言における1人称代名詞の区別の体系は同じであること、対する奄美方言はそれらとは異なる体系を持っていることが分かります。また、同じ「複数形」というラベルであっても、体系が異なると、それが表す意味も異なることが分かります。すなわち、東京・津軽方言の「複数形」は「2人以上」の意味ですが、奄美方言の「複数形」は「3人以上」という意味を持っています。

では、奄美方言は常に「2人」（双数形）と「3人以上」（複数形）を区別するのでしょうか？　そこでポイントとなるのが（2b）の特徴です。先ほどの（2a）ではＡからＣ（1人称代名詞の場合）に注目しましたね。こんどは、表1のＤからＦ（普通名詞の場合）に注目してみましょう。すると、奄美方言においてもＤのワラブィ（単数形）とＥ・Ｆのワラブィンキャ（複数形）の区別だけであり、2人だけを特別に区別する形式（双数形）を持たないということが分かります。この点を以下の表3にまとめておきます。ここから分かることは、奄美方言は1人称代名詞であれば単数形・双数形・複数形という区別を持つけれども、普通名詞の場合は単数形・複数形という区別になるということです。言い換えれば、同じ方言内（今回は奄美方言）であっても、1人称代名詞の場合の「複数形」の意味（＝3人以上）と、普通名詞の場合の「複数形」の意味（＝2人以上）が異なる場合があるということです。

表3　東京方言・津軽方言・奄美方言の普通名詞の体系

	東京方言・津軽方言・奄美方言
D.「こども」が1人	単数形（コドモ・ワラシ・ワラブィ）
E.「こども」が2人	複数形（コドモタチ・ワラハンド・ワラブィンキャ）
F.「こども」が3人	

さて、最後に（2c）の特徴について考察しましょう。表2と表3を見る限り、東京方言と津軽方言の数の区別の体系（単数形 vs. 複数形）はまったく同じと言えそうです。しかし、体系から離れて、具体的な単語の発音を見た場合、津軽方言には東京方言に見られない特徴が観察されます。まず、準備段階として津軽方言で「複数を表す要素」を抜き出してみましょう。東京方言の「タチ」にあたる要素と言っても構いません。……そうです。津軽方言では「ンド」が複数を表すことが分かりますね。意味を持つ要素の境界を言語学の慣習に従って「-」（ハイフン）で区別するならば、以下の表4のようになります。

表4　津軽方言内の比較

【代名詞】		【普通名詞】	
A.「私」のみ1人	オラ	D.「こども」が1人	ワラシ
B.「私」を含む2人	オラ-ンド	E.「こども」が2人	ワラハ-ンド
C.「私」を含む3人		F.「こども」が3人	

表4を見て気づくのは、「こども」を表す部分が1人のときは「ワラシ」であるのに対し、2人以上のときは「ワラハ」となる点です（類似の音の交替は、「年頃の娘」を意味する「メラシ」と、その複数形の「メラハンド」にも観察されます[1)]）。このような音の交替現象は、言語学では「弱い補充法（weak suppletion）」と呼ばれるものに相当します。例えば、英語の過去形の一部に表れる語幹の交替現象も弱い補充法です。具体的には、buy/bought, catch/caught, teach/taught は、いずれも過去形の最後にあるアルファベットの t が過去を表す要素だとすると、それを除いた部分である bough、caugh、taugh の部分の発音がいずれも［bɔː］、［kɔː］、［tɔː］のようになり、対応する現在形とは少し異なった（そして、特定の語彙にしか現れない）発音になり

ます[5)]。津軽方言の単数形のワラシという発音が、複数形ではワラハという発音になってしまう現象とよく似ていると思います。

４節　「楽しさ」の転換（Change）

いかがでしたか？　1節で挙げた「ジャンボ」、「ガジャン」という発音のおもしろさと、2節以降で挙げた1人称代名詞や普通名詞の数に関するおもしろさは、だいぶ質が異なるように感じたのではないでしょうか。1節に無くて、2節以降に有るものは、なんだと思いますか？　私が思うに、それは実証的な分析だと思います。1節のジャンボやガジャンは、発音のおもしろさを感じても、その先がほとんどありません。確かに、ジャンボには「ザンボアタマ」のような語源に迫るという道がありますが、実証的なデータに基づいてそのような語源の分析を行うのは、日本の方言においては非常に限られた語彙にしかできそうにありません。

一方で、2節以降で扱った体系の比較から見いだせる楽しさは、多くの実際のデータをもとに論理的に分析を積み重ねることが可能であり、その分析は「双数形」や「弱い補充法」のように日本語という枠組みさえ超えて、世界中の言語との比較も可能とします。

言葉の研究（言語学・日本語学）というのは、上記でいえば、基本的には2節以降のような分析を行うものを指します。ジャンボやガジャンの楽しさは華やかな爆発性を持っていますが、一瞬でそれが消えてしまうという切なさ（楽しさの薄さ）も併せ持っています。その一方で、人称代名詞や普通名詞の数の体系は、一見難解に思えるとっつきにくさを持っていますが、噛めば噛むほど味が出る旨味（楽しさの濃さ）を持っています。そして、この旨味を探求し続けると、その先にはジャンボやガジャンに感じられた表面的で浅い爆発などとは比較にならないほどの、ものすごい楽しさの爆発を何度も経験することが可能です(このレクチャーはそのほんの入り口の紹介です)。

大学で学ぶということは、まさに前者（ジャンボとガジャン）の楽しさから、後者（ワラハとワッテェー）の楽しさへと関心の対象を転換（Change）できることだと私は考えます。みなさんの大学生活が、どうかこのような意味での楽しさの転換点となりますように！！

参考文献

１）山村秀雄編『青森県平内方言集（平内町史別冊）』平内町教育委員会、1980年。
２）松木明『弘前語彙』弘前語彙刊行会、1982年。
３）亀井孝・河野六郎・千野栄一「語源学」、『言語学大辞典　第６巻　述語編』三省堂、1996年、561-562頁。
４）新永悠人「北琉球奄美大島湯湾方言の名詞・代名詞複数形の機能とその通言語的な位置づけ」、『言語研究』157巻、2020年、71-112頁。
５）Haspelmath M. , et al. *Understanding morphology*, 2nd edition.（Hodder Education）, Rautledge, London, 2010.

おすすめの本

・工藤真由美、八亀裕美『複数の日本語：方言からはじめる言語学』講談社、2008年。
・窪薗晴夫『アクセントの法則（岩波科学ライブラリー118）』岩波書店、2006年。

Lecture 2　工学研究としてのリチウム資源の採取・回収技術の開発

佐々木一哉

みなさんに伝えたいこと

私の研究室では、リチウム資源を塩湖、温泉などの地下水、あるいは海水から採取したり、使用済みのリチウムイオン電池から回収したりするための新しい技術の開発をめざした工学的な研究をしています。現在はいくつかの企業と数年後の実用化を目指した段階にあるため、知的財産権の関連があり、研究の詳細を記載できません。その代わりに、ここでは研究をする際のヒントにしてほしいことを書くことにします。

お読みの皆さんの中には、将来の職業選択で悩んでいる人もいるでしょう。あるいは、既に工学系の研究者になろうと決めている人もいるかもしれません。工学系の研究では、研究テーマの選択はどうすべきか、研究はどのように進めるべきか、などに関してきちんとした考えをもっていることが大切です。皆さんが将来自分なりの考えをまとめる際の参考になればと思い、「リチウム資源の採取・回収技術の開発研究」を通して私の考え方を紹介しましょう。

工学研究について

理学系の研究と工学系の研究は、しばしば理工系の研究としてまとめられます。理学系と工学系の境界を明確にすることが困難な分野があるからで

ささき　かずや　　理工学研究科 自然エネルギー科／リチウム資源総合研究機構　教授
電気化学、材料工学、エネルギー工学が専門で、リチウム電池や核融合発電への応用を念頭に、リチウム資源の採取・回収や同位体濃縮の技術およびトリチウム増殖用の機能性セラミックスの開発を目指しています。

す。しかし、一般的にはこの2つには違いがあります。理学系の研究は学術的真理の探究が目的であり、工学系の研究（工学研究）は既に解明された学術的真理を活用することに目的があります。つまり後者は、既に知られている原理、技術、および物性の組み合わせによって新たな機能を生み出す研究であって、全く未知の原理を発見しようとするものではありません。

工学研究に対しては、実際にやってみなければわからないことを、実験を繰り返すことで解明して行くものだと考えている人がいるかもしれません。しかしこれは正しくはありません。工学研究では、既に知られている原理、技術、および物性を組み合わせるのですから、論理的に丁寧に考えることで殆どの成果は予測できます。つまり、基礎的な知識を有したうえで、それらを論理的に組み合わせる作業こそが工学研究の本質です。研究における実験は、論理的に考えたことを正確かつ丁寧に確認する作業にすぎず、研究の本質ではありません。研究と実験の違いをきちんと認識しておくことは、優れた研究者となる際に重要です。

「工学」とは人間の活動を助ける機能に関わる学術大系のことです。そして、工学研究は、知的価値、社会的価値、そして経済的価値を高める知識の創造を目的としています。より具体的には、社会に役立つ技術・材料・システムを生み出す研究です。それは、時代背景や社会的要請に応じた制約への対応が要求されます。そのため、研究テーマの選択は重要です。多くの場合、社会的価値および経済的価値に重点が置かれます。

研究テーマの選択 ―研究の背景と目的を明確に認識する―

本章では、私が研究テーマを選択した背景を例として、選択の過程を読者に疑似的に体験してもらいましょう。

1．リチウム資源とその用途

リチウムは白いダイヤとも呼ばれ、このレクチャーを執筆している2023年時点では最も注目されているエネルギー資源の一つです。従前は、陶器やガラスの添加剤、光学ガラス、耐熱グリースや連続鋳造のフラックス潤滑材、一次電池の電極材料などに使用されていましたが、現在の主な用途はリチウムイオン電池用の電極材料です。

リチウムイオン電池用としてのリチウム資源の消費は、電気自動車用として更に増えてゆくでしょう。欧州を中心とした国・地域では、自動車の大半を電気自動車に置き換えようという政策が立てられています。これは、必ずしも環境保全だけを目的としてはおらず、エンジンを使う内燃機関自動車の市場で優位に立てない国の経済対策としてのルール変更の意味合いが大きいでしょう。しかし、どのような目的であれ、今のところの見通しでは、自動車の電動化が促進されることに変更はなさそうです。近い将来、電気自動車の動力源の大半はリチウムイオン電池に頼ることになります。

リチウムはドローンやロボット用のリチウムイオン電池としてもたくさん使われることになるでしょう。インターネット通販は、生活を便利かつ楽にしてきました。その利用は拡大されるでしょう。一方で、日本を含む先進国では労働者人口の減少が進み、配送業の人手不足は顕著です。ドローンやロボットの活用は、人手不足対策として社会に受け入れられるでしょう。接客業でも同様です。実際、街中のレストランでもロボットによる配膳は珍しくなくなりました。ドローンやロボットの動力源もまたリチウムイオン電池です。

更に、新たな電力網においてもリチウムイオン電池は活用され、そのためのリチウムの需要も増えるでしょう。これまでの社会では、電力は必要な時に送電線を通してその都度電力会社から購入してきました。しかし、今後は、発電量が多く需要が少ない時間帯に電力を購入して電力を貯蔵し、発電量が少なく需要が多い時間帯には需要家自らが貯蔵した電力を使用することで電力購入量を減らす、いわゆるデマンドレスポンスへのシフトが求められます。これは、原子力や再生可能エネルギーなどによる発電設備で必要な電力を供給しようとすることに起因しています。2023年度時点の電力供給では、石炭、石油、天然ガスを燃料とする火力発電が全発電量の7割から8割と高い比率を占めています。これらの燃料は、世界的に需給がひっ迫して価格高騰が続き、また、長期契約による安価な天然ガスの輸入量が減り、スポット価格と呼ばれるその時点での需要に基づいて契約のたびに当事者間で決定される高価な価格での購入が増え、発電コストが高い状態が続いています。世界的には原子力発電を増やす流れにありますが、現在の日本では反対意見が多いため原子力による発電量の増大は容易ではありません。一方、電力需要についてみるならば、社会全体の電力需要量は、オール電化の普及などにより増大し、電力消費が集中する時間帯では電力供給能力を上回る心配から、電力需要の抑制を求めるデマンド警報が頻繁に出される状況です。そこで、本来は、原子力発電と石炭火力発電により十分な量のベースロード電力を供給し、電力需要が集中する時間帯の負荷変動を天然ガス火力発電、石油火力発電および水力発電で賄うのが望ましいでしょう。しかし、原子力発電の再稼働に時間を要しているため、天然ガス火力発電の多くがベースロード電源として使用されており、負荷変動を調整する能力が低下しています。これに加えて再生可能エネルギー発電も増やしていますから、電力供給上で重要な「同時同量の原則」を守ることが困難になりつつあります。「同時同量の原則」とは、発電量と需要量を秒単位で常に一致させなければならないという原則です。一致できなければ、供給される電気の電圧や周波数が変動し、電気を使う機器が正常に動かなかったり、極端な場合は発電所の発電機の破損を防ぐための計画停電や発電機の破損による大停電が生じたりします。そこで求められるのが、先に述べたデマンドレスポンスに基づく新たな電力システムです。本システムの導入により、電力の需要と供給のバランスをとることができます。デマンドレスポンスの実現には、消費者が電力を貯蔵する装置・システムを保有していなければならず、ここでもリチウムイオン電池が使われる見込みです（図1）。

２．求められる革新的なリチウム資源を採取・回収する技術

リチウム資源は、2015年以前はその大半がチリ共和国の塩湖から採取されていましたが、近年は豪州や中国の鉱山から2/3以上が採取されています。リチウムイオン電池の市場の急速な増大によって、現状のままでは近い将来にリチウム資源不足が生じると見込まれます。既にリチウム資源の需要と供給の関係はひっ迫しており、価格の高騰が電気自動車を生産・販売する自動車メーカーなどの経営を圧迫しています。世界のリチウム資源の2/3以上を

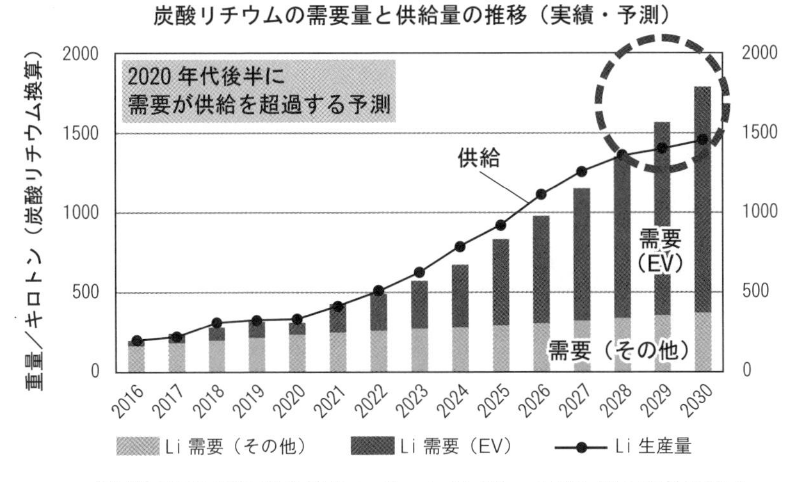

（出典）JOGMEC 報告書 & レポート 21_03_vol.51を基に著者が作成

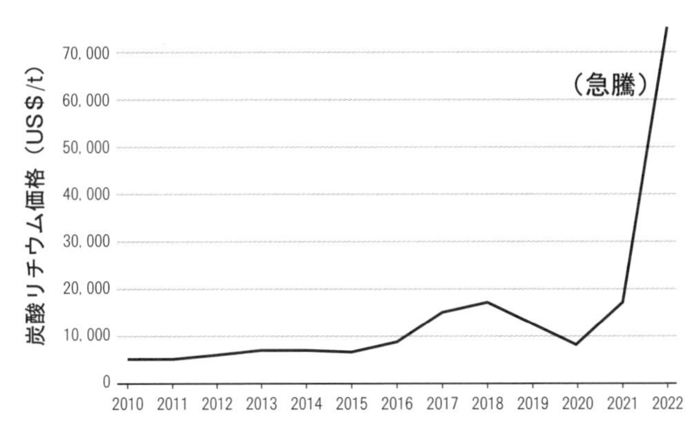

（出典）U.S. Geological Survey に著者追記（日本語表記、図中コメント）

図１　リチウム資源の需給バランス（上）と価格（下）

占める鉱山からの採取分は、中国資本の企業によって供給されており、価格や資源供給量の管理・支配が市場経済に大きな影響を与えています（図2）。このことは、安全保障上の重大な懸念とされています。健全な市場経済を維持するには、リチウム資源を自国で採取することが必要であり、そのための採取技術の確立は急務です。

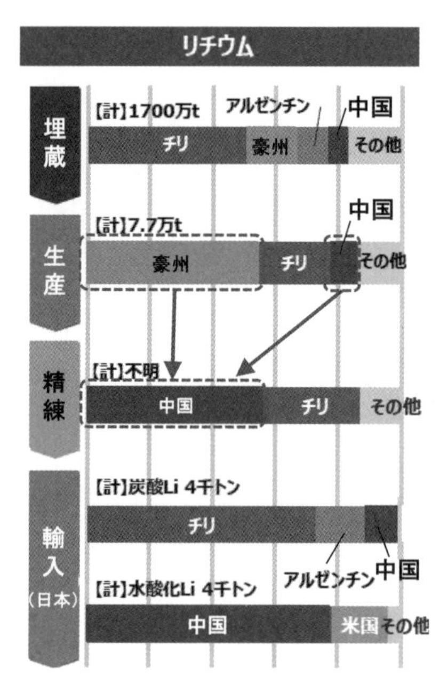

図２　リチウム資源の供給状況（世界）（口絵９）
（出典）USGS 2020、IEA、貿易統計から抜粋・加筆

これに加え、欧州委員会は、2020年12月に欧州連合（ＥＵ）市場に投入される電池の製造・リユース・リサイクルまでのライフサイクル全体を規制し、電池の安全性・持続可能性・競争力を確保することを目的とする電池規則案を発表しました。これは必ず守らなければならない規則となります。この規則が施行されると、電池材料をリサイクルするなどの持続可能性の要件が2024年以降に導入されます。2025年半ばまでに、拡大生産者責任（Extended Product Responsibility:EPR）に関するより包括的な規制枠組みが適用されます。EPR とは、その製品の設計から消費後の段階までの環境影響に関する責任を生産者に持たせるという概念です。EPR による包括的な規制には、使用済み製品の管理に係る自治体や納税者の負担軽減、最終処分される廃棄物の

削減、リサイクル率の向上への貢献が期待されます。EPR による規制枠組みの適用後は、段階的により高い回収目標が導入されます。ポータブル電池の回収目標値は、2027年で63%、2030年で73%です。輸送手段用電池の回収目標値は、2028年で51%、2031年で61%です。回収された電池からは資源が再使用されなければならなりません。使用済みのリチウムイオン電池からのリチウム回収目標は、2027年までに50%、2031年までに80%です。回収されるリチウムは、新たなリチウムイオン電池に再使用できるように高純度でなくてはなりません。

現在、このような高純度なリチウム資源を回収する技術は確立されておらず、その為の技術が世界的に求められています。特に、自動車産業が基幹産業である日本では、リチウムを採取・回収する優れた技術は社会と経済に大きく貢献すると期待されます。この技術の開発は、研究者として情熱を傾け、大切な時間の大半を使うにふさわしい研究テーマの一つだと考え、またそれを自身の手で成し遂げたいと感じました（図3）。

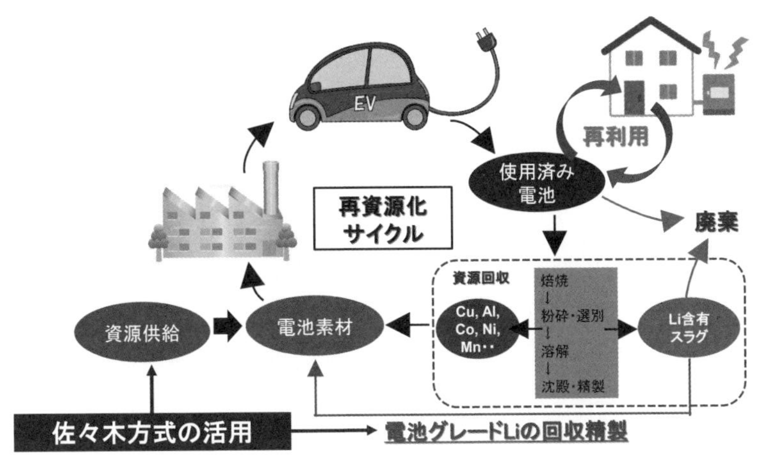

図３　佐々木方式の技術を使用するリチウム資源の再循環利用

研究の進め方 ―優れた研究成果をあげる―

人生における大切な時間を使って研究するのですから、多くの人は優れた研究成果を得たいでしょう。私もそう思っています。研究の成否は、どのようにして研究を進めるかに大きく影響されます。本章には、どのように研究を進めるべきかについての私の考えを記載します。皆さんの将来の研究において参考となれば幸いです。

このリチウム資源採取・回収技術の確立をめざす研究を、私は実験研究として実施しています。実験研究とは、研究の過程で実験を行ってデータを取得し、そのデータを根拠として示しながら、論理を展開して新たな発見を説明する研究です。自然を観測した結果を根拠とする研究とは進め方が違うかもしれません。一方で工学系の研究でも理学系の研究でも、実験研究であれば似ているかもしれません。したがって、ここに記載する考えは、理学系の研究者をめざす人にも参考にもなるかもしれません。

１．研究の主体は考えること

最も大切なのは、研究の主体は考えることだということです。実験研究であっても、実験は研究の主体ではありません。我々が探求する科学は、先人の発見の上に成立しています。つまり、先人の発見を組み合わせ、論理的に思考する先に新しい発見があります。研究に情熱を傾けるようになれば、公私の区別なく常に研究が頭から離れなくなるでしょう。それでよい、あるいはむしろ、そうであるべきだと考えます。大好きな研究を仕事として選んだのですから、常に考え続けることが嫌なはずはないでしょう。それが嫌な人は、本来研究者には向かないかもしれないので、本来の自分に向いた職に転職するのが良いかもしれません。

近年は、ワーク・ライフ・バランスという言葉の下に、仕事とそれ以外とで時間を明確に区別した生活が推奨されているのかもしれません。しかし、少なくとも若い研究者の期間は、仕事の時間を減らしてバランスをとるのではなく、めいっぱい仕事をしたうえで無駄な時間を減らすことでバランスをとるのが良いと、私は考えます。

「考えること」に話を戻しましょう。考える上で大切なのは、全てのことに整合性を保って論理展開するということです。その過程では、どんな小さなことも、見落としや論理の飛躍が生じないように、丁寧に考えることです。

2．研究における正確な実験の重要性

考えの先に面白い現象や優れた性能・機能を予測できたならば、それを実験で検証します。この段階でも、初めに、頭の中で実験を丁寧にシミュレーションしましょう。ここで大切なことは、実際に使用する実験装置の精度も想定しておくことです。そして、その実験を細心の注意を払って行いましょう。

精度を欠いた実験によって取得した妥当ではないデータをもとにした論理展開では間違った結論が導き出され、それが研究成果として発信される危険があります。そのような発信は、科学の発展に大きな損失を与えます。本来それまでになされた発見がすべて正しければ、研究で得た新たな発見は、それまでに報告されてきた科学的真実のすべてと整合性が取れるはずです。しかし、既往の研究に間違いがあれば、全ての整合性を得ることはできないでしょう。後の研究者が過去の研究成果に間違いがあることを知らなければ、論理的整合性を求めて本来は行わなくてもよい検討をしなければなりません。極端な場合、新しい真の発見の発表をためらうこともあるでしょう。これは、過去に間違った発表があったから生じる悲劇です。このようなことが生じないよう、実験研究者は正確なデータを取得できるよう、最大の注意を払わなければなりません。私が知る限り、殆どの研究者は高い倫理観をもっているので、いい加減な研究成果を発信することは望みません。しかし、意図せずにそのようになってしまうことはあります。誰にでも起こりうる危険です。

研究における重要なキーワードは、「論理的に考える」と「丁寧な実験で確認する」です。

おすすめの本

- 「核融合エネルギーのきほん」出版委員会編『図解でよくわかる 核融合エネルギーのきほん : 世界が変わる夢のエネルギーのしくみから、環境・ビジネス・教育との関わりや将来像まで』誠文堂新光社、2021年。
- 山﨑耕造『図解入門よくわかる最新 核融合の基本と仕組み』秀和システム、2023年。

Lecture 3　多様なライフスタイルの出現と生活経営の楽しさ

李　　秀眞

生活問題と選択課題

現在、解決したい欲求はありますか？　例えば、最新のスマホがほしい、髪を切りたい、引っ越しをしたいなど。最新のスマホを買いたいと思ったら、次の段階で何をしますか？　まずは情報探索をし、どのようなものを、いくらのものを買うかを考えながら選択肢の比較（順位付け等ー性能、値段、購入先など）をして、様々な商品情報と自分の好み、予算等を照らし合わせ最終決定にいたるでしょう。ここでは、簡単に買い物の例をあげましたが、私たちは複数の生活欲求、生活目標を持っています。生活欲求、生活目標を達成するための生活手段は有限であるため、生活には必ず選択課題が伴います。今日のような急速な社

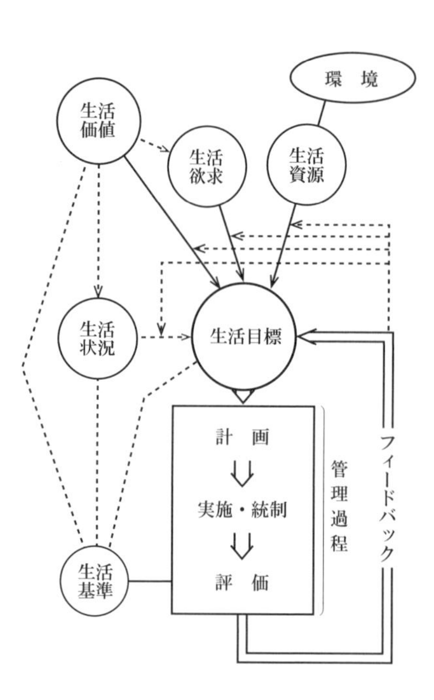

図１　生活経営
（出典）御船美智子『生活者の経済』放送大学教育振興会、2001年

い　すうじん　　教育学部 家政教育　准教授
家族関係を中心軸として、青年世代（結婚選択と家族形成）、壮年世代（子育ておよび家事分担と夫婦関係）、中年世代（家族多様性および単身世帯）、高齢世代（引退後家事分担と夫婦関係）において、各々の世代が経験するライフイベントが家族関係および個人生活に与える影響について研究しています。

会変化の中で、人々の価値観および生活を取り巻く環境は急激に変化しています。これらの状況は、我々に変化に対応しながら、より豊かな生活を営むことができる生活経営力を求めています（図1）。簡単な例として、コロナ渦を経験しながら、キャッシュレス化が急速に進んだことを皆さんも実感したでしょう。キャッシュレス化の進行によって皆さんの生活に変化はありましたか？

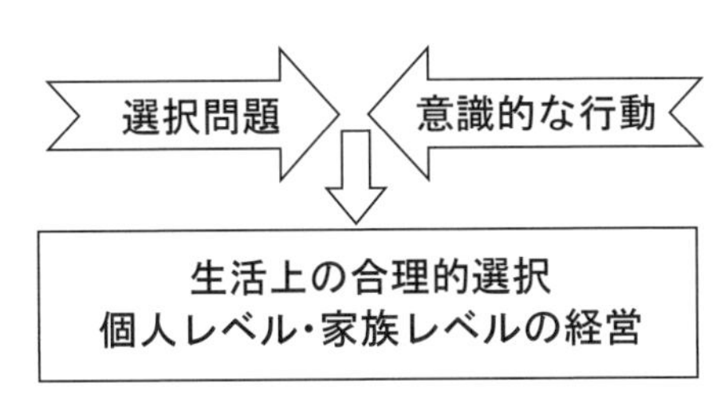

図２　生活経営の必要性

キャッシュレス化を便利だと思う人もいるし、使いこなせず不便を感じる人もいるでしょう。大まかにいうと、キャッシュレス化によって生活の便利さは増したと思います。ただ、その便利さとともに、見えないお金の流れを管理する能力が私たちに求められます。また、自分の行った生活行為の結果の責任も自分に戻ってきます。自己責任を期待する現代社会の中で、社会の主人公として、また、生涯の主人公として生き生きとした生活をするために、「生活を営む」という意識的行為が特に必要です。生きている限り生活経営を学び続けることになり、その成果は自分の生き生きとした生涯として結実します。ここに生活経営学の特徴があります（図2）。我々が生活していく中で出会う選択問題、意思決定の方法、その結果には明確な一つの回答があるわけではないため、生活経営の重要性は増すと思います。ここでは、生活経営が必要な例をいくつかみておきたいと思います。

COVID-19という予期せぬ危機と新しいライフスタイルの出現

私たちはCOVID-19の流行の中で、消費生活、社会的関係、在宅勤務、遠隔授業などの働き方や作業場所など、さまざまな分野で変化を経験しました[1)]。COVID-19は生活において体系的管理と介入が求められる危機的状況でありますが、一方で危機に対する対応は新しいライフスタイルを確立するきっかけになりえます。1つの例として、在宅勤務の普及が挙げられますが、在宅勤務による通勤時間の節約は個人と家族の生活に連鎖的な影響を及ぼしました。まず、個人の生活時間配分だけでなく家族の生活時間配分にも影響を与えたでしょう。また、個人や家族の生活時間配分の変化が家族内の役割分担や消費生活にも影響を及ぼしました。さらに、COVID-19が生活に与える影響において地域別の違いがあった点も興味深いところです。日本政府および地方自治体は、COVID-19以前から地方における人口の減少による地域消滅に対して危機意識を持っていましたが、COVID-19によるテレワーク経験などをきっかけに人々の地方移住への関心が高まるようになりました(表1)。これにより各地方自治体は地方移住政策にさらに力を注ぐ状況となりました。実際、内閣府が調査したデータ[2)]を分析した結果、地方移住に対する関心について、COVID-19直後に地方移住に「関心が高まった」という回答は20代が26.2%と最も高く、COVID-19の2年後に地方移住に「関心がある」との回答は53.5%で、他の年齢層に比べて高いことが確認されました。若い層において、COVID-19をきっかけに働く場所と時間が自由なテレワークのような働き方を経験する機会が増えていることが影響したのです。20年余り前からワーク・ライフ・バランスに関しての議論がはじまり、仕事と生活に関する意識が変化している中で、COVID-19という予期せぬことの経験によって、テレワークなどの経験をきっかけに地方移住に対する関心が生まれたことがわかります。さらに、地方移住がもたらす効果が評価され、新しいライフスタイルを追求するきっかけとなったと考えられます。地方移住に関心を持つ利点を労働者の立場から考えてみると、大都市の生活に比べて生活物価が安く、生活費の中で比重の大きい家賃などの住宅費の節約を図ることができる経済的な利点が最も大きいといえます。これに加えて、職住近接の実現を通じて通勤時間の節約だけでなく、ワーク・ライフ・バランスを実現できる条件が大都市に比べて容易に整備できることも考えられます。しかし、「地方移住」による新しいライフスタイルを実現するためには、例えば、時間管理などの新たなマネジメント能力が求められますが、このような場面で自分の生活経営力を発揮する楽しさを実感できるのではないでしょうか。

表１　地方移住に対する関心

地方移住に対する関心				
	関心が低くなった	変化なし	関心が高くなった	合計
COVID-19パンデミック直後	5%	76.8%	18.2%	100%
COVID-19パンデミック2年後	66.2%	―	33.8%	100%

内閣府がCOVID-19パンデミック直後（2020年5月）から定期的に実施した「新型コロナウイルス感染症の影響下における生活意識・行動の変化に関する調査」データを分析したものである。第1回調査（2020年5月）と第4回調査（2021年9月）に回答した人のうち、20歳以上の就業者を対象としている。地方移住への関心に対する質問は、“今回の感染症の影響下において、地方移住への関心に変化はありましたか。（三大都市圏居住者に質問）”である。

（出典）李秀眞「COVID-19以降働き方の変化と新しいライフスタイルの探索－COVID-19以降実施された日本内閣府調査資料を中心に－」、『家族資源経営と政策』26(3)、2022年、87－106頁

8050問題ってなに？

現在、日本社会が抱えているもっとも深刻な課題は何でしょうか？　これに対する皆さんの答えは何でしょうか？　おそらく、少子高齢化と思った人が多いと思います。それでは、少子高齢化ってなぜ問題でしょうか。少子高齢化は私たちの生活にどのような影響を与えるのでしょうか。ここでは、少子高齢化による中高年世代の生活を皆さんと一緒にみていきたいと思います。8050問題ということばを聞いたことはありますか？　80代の親が50代の子どもの生活を支えるという問題のことです。内閣府は、2009年と2015年に満15歳から満39歳までの者を対象にひきこもり実態調査を実施しましたが[3)]、その中で、ひきこもり状態が長期化していることが確認されたため、2018年に満40歳から満64歳までの者を対象とするひきこもりの実態調査「生活状況に関する調査」を実施しました。その背景には、ひきこもりの長期化、当事者の高齢化などがあって、本人の問題だけではなく、高齢化した家族構成員（親及び兄弟）とともに経済的窮地に陥る危険性および社会的孤立の可能性が高いとの判断があります。調査の結果、満40歳から満64歳までのひきこもりの出現率は1.45％で、推計数は61.3万人であることがわかりまし

た。ひきこもり状態になった年齢が全年齢層に大きな偏りなく分布していました。詳しく見ると、ひきこもりになった年齢が40歳以上である人の割合は約6割でした。これは、中高年層になってもひきこもりになり得るということを示唆しています。学校卒業、会社入社、昇進、転職等の一般化されたルートから一旦外れると、その軌道に戻ることが難しい社会構造が中高年のひきこもりを作り出す要因の一つとして考えられます。

若年パラサイト・シングルから中高年パラサイト・シングルへ

パラサイト・シングルは山田昌弘氏の『パラサイト・シングルの時代』[4)]という本に由来します。その本では、学校卒業後にも親と同居しながら基礎的な生活条件を親に依存して生活する未婚者を指すものでした。その当時は、親に家事などを任せて家賃等住居費および生活費を分担せず自分の給料は自分のために使う独身貴族という意味で使われました。パラサイト・シングル論が話題になってから20年以上が経ちましたが、親同居未婚者の現状はどのように変わったのでしょうか。総務省統計研修所の「親と同居する未婚者の最近の状況（2016年）」[5)]によると、親と同居する若年未婚者（25－34歳）は908万人で25－34歳人口の45.8％を占めています。彼らの完全失業率は6.6％と推計され、基礎的な生活条件を親に依存する可能性がある若年未

表２　親と同居する未婚者の状況

	親と同居する未婚者		
	若年未婚者（25－34歳）	壮年未婚者（35－44歳）	高齢未婚者（45－54歳）
総数（2016年時点）	908万人	288万人	158万人
親との同居率	45.8％	16.3％	9.2％
完全失業率	6.6％	8.1％	7.6％
基礎的生活条件を親に依存している可能性のある人	134万人	52万人	31万人

（出典）西文彦「親と同居する未婚者の最近状況（2016年）」総務省統計研修所（https://www.stat.go.jp/training/2kenkyu/pdf/parasi16.pdf）を基に筆者作成

婚者は134万人であると推定されます。壮年未婚者（35－44歳）をみると、288万人で35－44歳人口の16.3%を占めています。彼らの完全失業率は8.1%で、基礎的な生活条件を親に依存する可能性がある壮年未婚者は52万人ということになります。さらに、高齢未婚者（45－54歳）をみると、158万人、完全失業率は7.6%という結果で、基礎的生活条件を親に依存する可能性がある高齢未婚者は31万人と推定されています。親同居未婚者は世帯主ではないため、世帯所得を基に算出される所得不平等指数には反映されません。また、健康保険および社会保険等は親の扶養家族として登録されているため、給付がもらえます。しかし、親の経済的破綻、親の死亡等によって単身世帯になるとはじめて貧困世帯の現実がみえてきます。家族形態のなかで単独世帯が半数以上を占めるという現状の中、中高年単身世帯の生活問題に対する議論の必要性は大きくなっていくものと思います。

介護離職ゼロ時代は来る？

2015年9月、安倍首相（当時）は一億総活躍社会の実現に向けた基本方針「新・三本の矢」を推進すると発表し[6]、介護の受け皿の拡大、仕事と介護の両立が可能な働き方の普及などを目標として掲げました。その一つとして、「介護離職ゼロ」スローガンを掲げて政策を進めました。「介護離職ゼロ」の詳細をみてみましょう。まず、介護のために仕事を辞めないようにするために、施設療養を推進するようになりました。そこに老人療養施設の拡充の問題と専門介護者の確保問題が浮かび上がりました。それに加え施設入所のために負担すべき医療費が増加することもあり、再び在宅介護を推奨する流れになりました。2021年の「改正育児および介護休業法」が施行されるなど、仕事と介護の両立支援を継続していますが、総じて問題解決には至っていないのが現状です。総務省統計局の就業構造基本調査（2017）[7]によると、仕事をしながら介護を負担している年齢層は40代および50代が大半を占めています。仕事を辞めると再就業が難しい現実を反映していると考えられます。また、介護離職者を、男女別にみると、女性が80%であり、1人で介護のすべてを負担している状況もうかがえました。

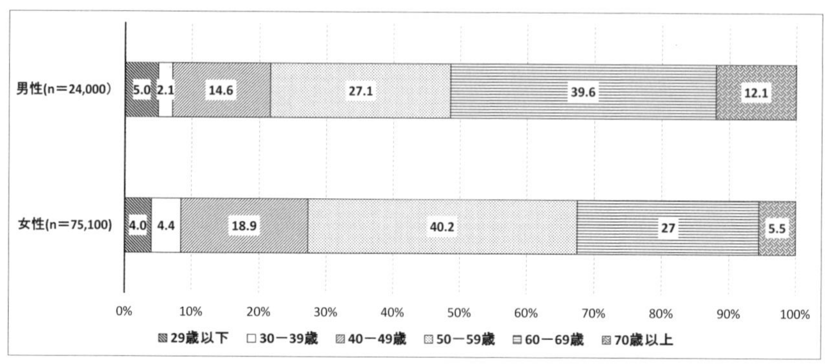

図３　介護・看護を理由に離職・転職した人の年齢構成割合
（出典）「平成29年就業構造基本調査結果」を基に筆者作成

2001年に介護保険制度が導入された際に、政府は「介護の社会化」を唱えました。しかし、介護離職現象は「家族介護－介護の家族化」への回帰を反映しているようにみえます。「育児・介護の社会化」と「育児・介護の家族化」は、私たちの生活にどのような影響を与えるでしょうか。

未来予測と生活経営

国立研究開発法人科学技術振興機構（ＪＳＴ）は、2050年にむけて個人視点で見た未来、社会視点で見た未来、地域視点でみた未来を提示しています。各視点において、「来るだろう未来」、「つくりたい未来」という2つの未来を象徴するキーワード3個（計18個）を提示しています[8]。ここでは、私たちが近いうちに直面する「来るだろう未来」を覗いてみましょう。個人視点からすると、少子高齢化のさらなる加速、社会的分断、コミュニケーション不全が挙げられます。社会視点からすると、情報技術の発達がもたらす未来として、ＡＩへの過度な依存、効率性の重視などを挙げています。地球視点からすると、食料・資源の不足、環境破壊、多様性の喪失と画一化を挙げています。未来予測に照らし合わせて、自分の生活の課題および選択問題を考えてみると、生活経営というプロセスがイメージしやすくなると思います。色々と課題は多いですが、生活の中で、ぜひ、生活経営の楽しさを実感してもらいたいです。

参考文献

1）李秀眞「COVID-19パンデミック以降働き方の変化と新しいライフスタイルの探索―COVID-19パンデミック以降に実施された日本内閣府調査資料を中心に―」、『家族資源経営と政策』26(3)、2022年、87-106頁。
2）内閣府「新型コロナウイルス感染症の影響下における 生活意識・行動の変化に関する調査（令和2年度）」（https://www5.cao.go.jp/keizai2/wellbeing/covid/pdf/shiryo2.pdf、最終閲覧日2023年7月31日）
3）内閣府「生活状況に関する調査報告書」内閣府政策統括官、2019年3月。
4）山田昌弘『パラサイト・シングルの時代』筑摩書房、1999年。
5）西文彦「親と同居する未婚者の最近状況（2016年）」総務省統計研修所（https://www.stat.go.jp/training/2kenkyu/pdf/parasi16.pdf、最終閲覧日2023年7月31日）
6）首相官邸ホームページ（2015）「一億総活躍社会の実現」（https://www.kantei.go.jp/jp/headline/ichiokusoukatsuyaku/index.html、最終閲覧日2023年7月31日）
7）総務省統計局「平成29年就業構造基本調査結果」（https://www.stat.go.jp/data/shugyou/2017/pdf/kgaiyou.pdf、最終閲覧日2023年7月31日）
8）国立研究開発法人 科学技術振興機構「科学と社会」推進部『課題解決の対話から2050年にむけてつむぐ「『来るだろう未来』から『つくりたい未来』へ」2021年、（https://www.jst.go.jp/sis/co-creation/items/create_future2021. pdf、最終閲覧日2023年7月31日）

おすすめの本

・アンドリュー・スコット、リンダ・グラットン、池村千秋訳『LIFE SHIFT2：100年時代の行動戦略』東洋経済新報社、2021年。
・宮本みち子、佐藤洋作、宮本太郎『アンダークラス化する若者たち：生活保障をどう立て直すか』明石書店、2021年。

Lecture 4　ヤドカリの墓場
―〇〇〇が引き起こす思いもよらぬゴーストフィッシング―

曽我部　篤

プラスチックスープの海

皆さんは「プラスチックスープ」という言葉を聞いたことがあるでしょうか？　これは海洋環境学者で環境活動家でもあるチャールズ・モアが、その著書『PLASTIC OCEAN』の中で太平洋ごみベルト（北太平洋上にある還流によりプラスチックなどの浮遊ゴミが大量に集積した海域）を目の当たりにし、その様子を「プラスチックでできたスープ」と表現したのが始まりとされています。太平洋という器に満たされていたのは、新鮮な魚介類のブイヤベースでもクラムチャウダーでもなく、色や形、大きさも様々なプラスチック具沢山の食欲を削ぐスープだったのです。

海洋に流出したプラスチックごみは様々な形で我々の生活に悪影響を及ぼします。海岸に打ち上げられたプラスチックごみは景観を著しく損ないますし、海洋を浮遊する大きなゴミは船舶航行の妨げとなります。影響を受けるのは人だけではありません。海洋に偶発的に流出したり意図的に投棄された漁網や釣り糸に絡まることで、ウミガメや海鳥などさまざまな野生動物が身動きできなくなったり、窒息して死んでしまいます（図1)。また、海獣類やウミガメ、海鳥などの死体から、餌と勘違いして誤食・誤飲したレジ袋やプラスチック片が大量に見つかった例も数多く報告されており、ある研究によれば海洋プラスチックごみを誤食する海鳥の割合は、2010年時点の累積で全種の80％にもなり、2050年にはほぼすべての種が誤食するだろうと予測され

そがべ　あつし　　農学生命科学部 生物学科　准教授
専門は行動生態学、ヨウジウオ科魚類を材料に、配偶システムの進化や性淘汰について研究している。その他にも魚類の認知能や寄生生物の初期生活史戦略、クリーニング共生の進化など研究テーマは多岐にわたる。

ています。また、海洋プラスチックごみは生態系を改変する恐れがあります。海面を浮遊するペットボトルや漁業用のブイには様々な付着生物が付いており、海流に乗って本来の生息域ではない遠い場所まで流れ着き、外来生物として流れ着いた先の生態系をかく乱するのです。実際、2011年の東日本大震災の津波で流出し、アメリカ西海岸にたどり着いた漁船や浮桟橋には、日本周辺に生息する様々な動物が付着していました。その後の調査によって、アメリカ西海岸ではそれまで現地には生息していなかった日本沿岸の生物が16動物門289種も見つかっています。

図1　海洋プラスチックごみによる野生動物の被害の一例

(a) 筆者らが2021年10月にウミウの繁殖コロニーで発見した、釣り糸が足に絡まった幼鳥の死骸（白矢印）。釣り糸は巣（黒矢印）の材料として親鳥が運んできたものである。

(b) 白骨化したウミウ幼鳥の拡大写真。右脚の踵に糸が絡まっており、巣立ちできずに餓死したものと思われる。

（写真提供：本多里奈）

2016年に発表された世界経済フォーラムの報告書によれば、石油を原料とするプラスチックの年間生産量は、1964年には1,500万トンほどでしたが、2014年には3億1,100万トンと20倍も増大しています。排出されたプラスチックごみの28%はリサイクルや燃料として利用されますが、40%は埋め立てゴミとして処理され、残り32%は正しく処理されずに野山や川に捨てられ、いずれ海に流れこみます。陸上から海洋に流出したプラスチックごみの大半はアジア地域からのもので、世界全体の82％を占め、中国やインドネシア、フィリピン、ベトナムなど海に面した国々から大量のプラスチックごみが海に流入しています。日本も例外ではなく、その量は年間2～6万トンに達しています。プラスチックごみの厄介な点は、その分解されにくさにあります。海洋に流出したプラスチックレジ袋は、その薄さにもかかわらず分解されるまで20年もかかり、プラスチックボトルにいたっては450年、釣り糸も600年と途方もない年月を必要とします。そのため現在の排出状況がこのまま続けば、2050年には海洋のプラスチックごみの総重量が、海に生息するすべての魚の重量を上回ると予測されています。

海底に沈んだタイヤの中に見たものは…

私が弘前大学農学生命科学部に赴任する3年前、2012年6月のことです。当時の私は陸奥湾に面した東北大学の臨海実験所（浅虫海洋生物学教育研究センター）で働いており、スキューバダイビングで実験所周辺の海に潜り、生物を観察したり写真を撮ったりしていました。その日はそれまで行ったことのない場所まで足（ヒレ）を延ばし、水深8mほどの海底を泳ぎ回っていると、ふと目の前にＲＶ用の大きなタイヤが沈んでいました。それまで15年近く、何百回もいろいろな場所でスキューバダイビングをしてきたので、海底に沈んでいる不法投棄されたタイヤを見るのはさして珍しくはなかったのですが、横向きに沈んだタイヤの内側を見て強烈な違和感を覚えました。そこには無数の巻貝の殻が折り重なるように積もっていたのです（図2）。その多くはもとの形が分からないほど粉々に割れていましたが、いくつかの貝はきれいに原型を留めていました。何が起きたのか理解できないままボーと眺めていると、巻貝が動いているのに気が付きました。ふと手に取って殻口を確認してみると、それは生きた巻貝ではなく、なんとヤドカリが中に住み着いていたのです。そのことに気づいた瞬間、この状況がどうやって作り出されたのかすべてが理解できた気がしました。

「タイヤの内側に侵入したヤドカリが脱出できずに死んでいるのでは？」

ほとんどのヤドカリはその名が示すとおり巻貝の殻を“宿”として利用する

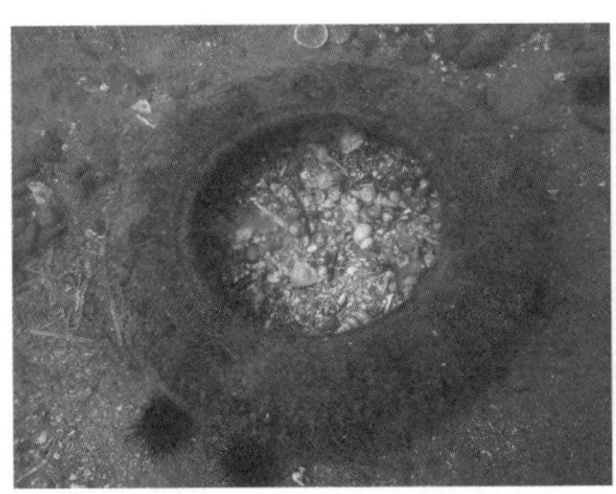

図２　2012年6月、陸奥湾沿岸水深8 mの海底で発見した廃タイヤ（口絵10）
タイヤの内側にはたくさんの巻貝の殻が落ちており、そのいくつかにはヤドカリが入っていた（右写真）。タイヤ周辺の海底と比べると、タイヤ内側の巻貝の殻の多さは一目瞭然である。

習性があり、捕食の危険が迫った時にすばやく身を隠すためのシェルターとして使っています。成長するにつれ、だんだんと宿が窮屈になっていくので、ヤドカリは生涯に何度もより大きな巻貝の殻へと宿替えをしなくてはいけません。ちょうどよい大きさの巻貝の殻がそうそう落ちているわけはなく、ヤドカリは引っ越し先を探して海底を歩き回り、運悪くタイヤの内側へと落ちたのかもしれません。タイヤの内側は一見するとヤドカリにとってパラダイスのような世界です。そこには外の世界でお目にかかれないような魅力的な物件（貝殻）が無数に存在し、選び放題なのです。しかしヤドカリはすぐに過酷な現実に気づかされます。「ミイラ取りがミイラになっている」と。

タイヤの形状を思い浮かべてください。ドーナツ状のタイヤを輪切りにすると、その断面はアルファベットの「C」のような形をしています。ヤドカリはタイヤ外側の垂直の壁を登ってその頂に立つことはおそらく容易にできるでしょうが、タイヤ内側の壁を登頂するのははるかに困難です。なぜならタイヤ内側の垂直の壁を登っていくと、やがてほぼ水平に張り出したルーフが待ち構えているからです。これは言わば「ネズミ返し」のようなもので、自身の体重の何倍もの重さの貝を背負ったヤドカリが、ルーフを渡り切るのは至難の業のように思えます（図3）。そうして脱出できなかったヤドカリがやがてタイヤの中で死を迎え、まるでヤドカリの墓標のように貝殻の山が築かれたのかもしれません。

図3　海洋投棄されたタイヤによるヤドカリのゴーストフィッシングの仕組み
ヤドカリは自重の何倍もの重さの貝を背負っていても、垂直の壁を登ってタイヤ内部に侵入できる。しかし、オーバーハングしたタイヤの内壁は言わば「ネズミ返し」のような構造のため、重い貝を背負ったヤドカリは壁を登りきることができない。

検証：タイヤによるヤドカリのゴーストフィッシング

逸失した、または故意に投棄された漁網や蟹カゴなどの漁具が、人の手を離れてもなお漁獲能力を維持し、意図しない水産生物の捕獲を続ける現象を「ゴーストフィッシング（幽霊漁業）」と言います。アナゴを捕まえるためのアナゴ筒は典型的なゴーストギア（幽霊漁具）で、筒に入ったアナゴは「返し」と呼ばれるふたに邪魔されて脱出できない仕組みになっているので、人の手を離れてもアナゴ筒はアナゴを捕まえ続けます。筒の中で死んだアナゴが発する匂いが「撒き餌」となって別のアナゴが誘引される悪循環が起きるのです。タイヤの中で発見した大量の巻貝の殻が、タイヤに侵入したヤドカリが脱出できずに死んだ痕跡であるなら、まさにタイヤによるヤドカリのゴーストフィッシングと呼ぶべき現象が起きていることになります。

しかしそう結論付けるにはまだ証拠不十分です。ヤドカリは単に居心地がいいからタイヤの中にいただけで、外に出ようと思えば容易に脱出できるのかもしれません。また、タイヤによるヤドカリのゴーストフィッシングが本当に起きていたとしても、極めて稀にしかタイヤに侵入するヤドカリがいないのであれば、大した問題ではないでしょう。タイヤによるヤドカリのゴーストフィッシングの実態解明には、①どれくらい頻繁にタイヤに侵入するヤドカリが現れるのか、②タイヤに侵入したヤドカリは本当に脱出できないの

図4　野外実験のために設置した廃タイヤ

波浪による流出を防ぐため、タイヤはテントペグで海底に固定してある。

図5　調査の様子

冬の陸奥湾の水温は10℃を下回り、2月には4℃に達する。そのため冬場のスキューバ潜水調査では、体が濡れない完全防水のスーツ（ドライスーツ）を着用するが、それでも30分もすると冷たさで手足の先の感覚がなくなる。

か明らかにする必要があります。

研究のチャンスがやってきたのは弘前大学に赴任した2015年のことです。まずおこなったのは、どういった種のヤドカリがどれくらいタイヤに侵入するか明らかにする野外実験です。東北大学臨海実験所地先の水深6～8mの海底に6個の廃タイヤを設置し（図4）、2015年10月から2016年9月にかけて毎月1回、6個の廃タイヤ内側にいるすべてのヤドカリを採取し、ヤドカリの種を同定して体長を計測しました。(図5)。

結果は驚くべきものでした。6個のタイヤの内側に侵入したヤドカリの総

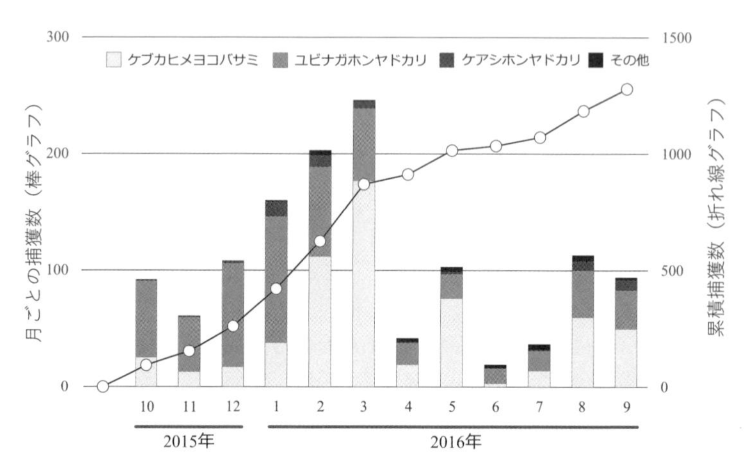

図6　海底に設置した6個のタイヤへ侵入したヤドカリの種と個体数
棒グラフは各月の調査でタイヤの中から捕獲したヤドカリの種ごとに個体数を、折れ線グラフはタイヤへ侵入したヤドカリの累積個体数の変化を示している。

個体数は、1年間で1,278匹にもなりました（図6）。タイヤ1個あたり1日に0.58匹のヤドカリが侵入した計算になります。タイヤの内側で見つかったヤドカリは全7種で、ケブカヒメヨコバサミが601匹、ユビナガホンヤドカリが579匹と多く、この2種だけで全捕獲個体数の92.3%を占めていました。他にもケアシホンヤドカリが55匹、テナガホンヤドカリが10匹、ヨモギホンヤドカリが3匹、ブチヒメヨコバサミが3匹、アカシマホンヤドカリが1匹、不明種（分類形質に乏しく同定困難な稚ガニ）26匹と様々なヤドカリがタイヤに侵入していました（図7）。タイヤの内側に侵入するヤドカリの個体数は冬期に増大し、春から初夏にかけて減少する傾向が見られました。冬期に侵入個体数が増加する要因はおそらくヤドカリを捕食するアイナメなどの魚類が水温の低下する冬期にほとんどいなくなるためで、ヤドカリは捕食者を警戒する必要がなくなり、海底を活発に活動しているからだと考えられます。一方、春から初夏にかけてのタイヤ侵入個体数が減少するのは、海藻の繁茂と関係していると思われます。この時期、タイヤ表面や周辺の海底は一面海藻に覆われてしまうため、タイヤの内側に侵入したヤドカリが海藻を足場として外へ脱出している可能性があります。また7月になると海藻は枯死し、海

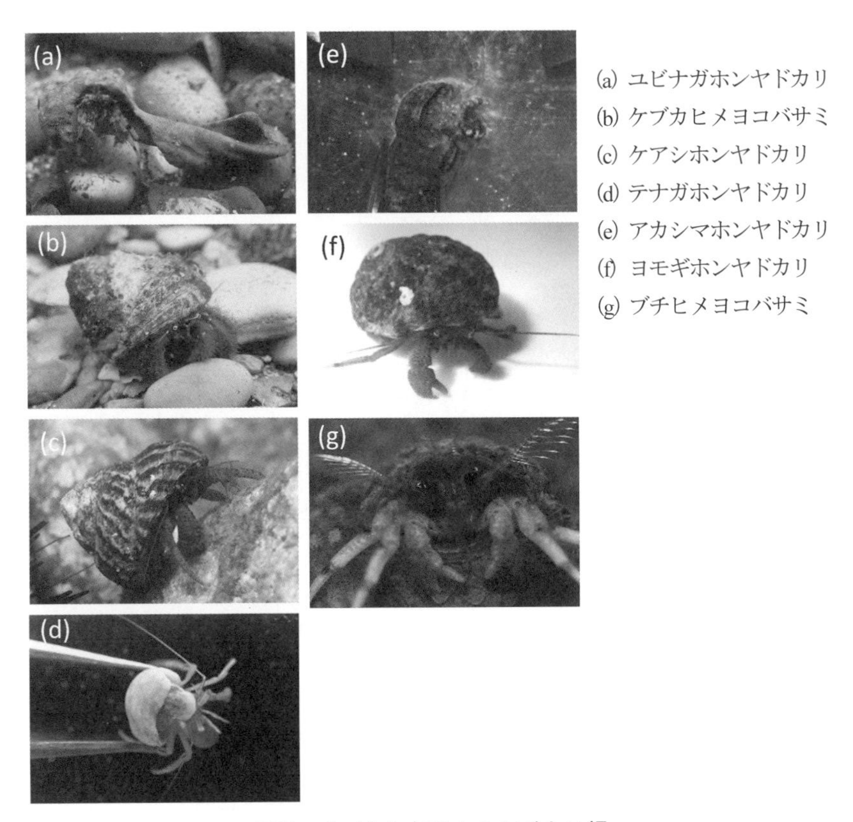

図7　タイヤに侵入したヤドカリ類

底が嫌気的な環境になってしまうことも、ヤドカリの活動に影響しているのかもしれません。

野外でヤドカリが廃タイヤに大量に侵入することはこれで証明されました。次はタイヤに侵入したヤドカリが脱出できないことを証明する必要があります。そこで、大きな丸型タンクの中央に側面が上になるように廃タイヤを置き、タイヤが少し埋没するくらい砂を敷き詰めて海水を満たした実験水槽を作りました（図8）。同種からなる10個体を1組として、午後6時にタイヤの内側または外側に放し、18時間後の翌日正午の時点でタイヤの内側と外側のどちらにいたかを記録します。実験には、野外調査でタイヤへ多く侵入していたユビナガホンヤドカリとケブカヒメヨコバサミを用いました。両種い

図8　(a) タイヤ内部のヤドカリが脱出できるか検証するための実験装置。海水を張った盥（たらい）にタイヤを沈め、タイヤの幅の1/4が埋まるように海砂を入れた。
(b) タイヤの外側または内側にヤドカリ10匹を放して、18時間後にタイヤの外側と内側どちらに何個体いたか調べることで、タイヤへの侵入やタイヤからの脱出を評価できる。

ずれも、タイヤの外側に放流したもの（侵入者）と内側に放流したもの（脱走者）、それぞれ10匹を1組として、各6組で実験を行いました。

その結果、ケブカヒメヨコバサミではタイヤ外側から内側への侵入は6組中3組で観察され、18時間の間に1〜3個体が移動していたのに対し、タイヤ内側から外側への脱出はまったく起こりませんでした。ユビナガホンヤドカリも同様に、タイヤ外側から内側への侵入は6組中4組で観察され、3〜4匹が移動していましたが、タイヤ内側から外側への脱出はいっさい起こりませんでした。この実験では、18時間を上限として観察を打ち切っているので、もっと長い時間を与えればタイヤの内側にいるヤドカリが外へ脱出できる可能性は否定できないものの、タイヤ内側のヤドカリが外へ脱出するのは困難であることが強く示唆されました。2つの実験から、廃タイヤによるヤドカリのゴーストフィッシングが起きているという仮説は証明されたといってよさそうです。

瓢箪（ひょうたん）から駒、タイヤからヤドカリ

一般社団法人日本自動車タイヤ協会によれば、国内で発生する廃タイヤは

年間1億本を越えています。ほとんどの廃タイヤ（88%）は様々な形でリサイクル・リユースされるものの、2015年2月時点で国内に約4千トンもの不法投棄タイヤが確認されています。しかしこれは氷山の一角で、発見の困難な海洋への投棄や個人による小規模な不法投棄については統計に含まれていません。

陸域に不法集積・不法投棄された廃タイヤが、悪臭や蚊、火災の発生源、水質・土壌の汚染源となり、住民の健康被害や環境破壊をもたらすことはこれまでもよく知られていました。私が明らかにしたのは、廃タイヤの存在自体が思いもよらない方法で、直接的に周囲の生物を殺してしまうという、これまで誰も考えもしなかったタイヤの脅威です。不法投棄に限らず、船体の衝撃吸収材や魚礁として廃タイヤが二次利用されていることからも、相当量の廃タイヤが海洋に供給されていると推測されます。ヤドカリは生物の死骸や有機物片を摂食する「海の掃除屋」として、また肉食性の魚類や大型甲殻類の餌として沿岸生態系の物質循環に大きく貢献しており、ヤドカリ個体数の減少は様々な生態学的影響を引き起こすおそれがあります。ゴーストフィッシングを防ぐための対策が急がれます。

Never too late to learn.

ここまで読んでくれた皆さんは、私のことを海洋ゴミの研究者かヤドカリの研究者と思っているかもしれませんが、実は違います。私の専門は「行動生態学」という動物の行動や生態を進化的観点から理解しようとする動物行動学の一分野で、主に研究してきたのはヨウジウオ科魚類というタツノオトシゴの仲間の配偶システム（一夫一妻とか一夫多妻とかのこと）がどのように進化したかということについてです。この研究を始めるまで海洋ゴミや廃タイヤの環境問題のことはほとんど何も知らなかったし、ヤドカリの種の区別もつきませんでした。ダイビング中に偶然発見した廃タイヤと巻貝の殻とヤドカリ、そこから得た着想がきっかけとなり、自分の手で明らかにしたいという情熱で、一から勉強を始めたのです。

「六十の手習い」という諺があります。私の場合は四十の手習いだったわけですが、学問や習い事をするのに年齢は関係ない、何歳になって始めても遅すぎることはないという意味です。この本を手に取っている皆さんの多くが、二十歳前後くらいではないでしょうか。何かに興味を持ったり、疑問に感じることがあったら、60歳まで待つ必要はありません、今すぐ行動に移しましょう。何十年か後に「少年老い易く学成り難し」という諺を思い出さなくて済むように。

参考文献

１）Sogabe A. et al. Marine-dumped waste tyres cause the ghost fishing of hermit crabs. Royal Society Open Science. 2021; 8: 210166.

おすすめの本

・コンラート・ローレンツ、日高敏隆訳『ソロモンの指輪：動物行動学入門』早川書房、1998年。
・安部公房『砂の女』新潮文庫、2003年。

Short Essay 1　見えていなかったこと、感じてほしいこと

杉原かおり

私は、短いものも含めて、約5年ほど海外に滞在していました。当初、留学の目的は歌の勉強をすることでしたが、運よく、渡航後間もなくオペラ歌手として舞台に立つチャンスを得、考えていたより長くイタリアに留まることとなりました。この間、何冊か面白滞在記が書けそうなほど、数多の人々との出会いと予想だにしない体験をし、それらの経験は、私の人生観そのものにも強く影響を及ぼしたと思っています。

そんな経験の中から、忘れえぬできごとを記します。

オーストリアのグラーツにほど近いドイチュランツベルクという街で行われた国際オペラ歌唱夏期アカデミーに参加した時のことです。アカデミーとコンサートを含め、3週間くらいその街に滞在していたと思います。ヴァカンスを兼ね、ヨーロッパ各地からオペラ歌手やその卵が集まっていて、ペンションやホテルなどに4～5人ずつ分かれ、その間の生活を共にしました。私の滞在したペンションには、オーストリアのソプラノ歌手、イタリアのバリトン歌手、ジョージアのテノール歌手、旧ユーゴスラビアの若いソプラノ歌手とその母親、そして私がいて、日々のレッスンの意見を言い合ったり、仕事やオーディションの話をしたり、食事を作りあったり、休日には近くを散策したり、最終日まで楽しく充実した時間を過ごしていました。

それぞれ帰途に着く日の朝、別れを惜しみつつ連絡先を交換していると、旧ユーゴスラビアのソプラノ歌手の母親が、「これ、かおりにあげる」と携帯電話のプリペイドカード（通話用ＳＩＭカードのようなもの）を差し出し

すぎはら　かおり　教育学部 音楽教育　教授／国際連携本部長
サンレモ国際オペラコンクールをはじめとする国内外のコンクールに入賞歴を持ち、イタリアを中心に、コンサートや宗教曲のソリスト、オペラ『ラ・ボエーム』『蝶々夫人』（主役）他、数多くの舞台経験があります。

てきました。当時、私は演奏会などでオーストリアを行き来することが多く、その厚意は嬉しかったのですが、「次に来る時までとっておいたほうがいいですよ」と遠慮しました。しかし、母親はこう言いました。「かおり、私たちはもう二度と戻って来られないかも知れない。これから家まで無事に戻れるかもわからないのよ」と。一瞬、思考が停止したのをはっきりと覚えています。昨日まで笑いながら一緒に過ごしていた親子でしたから。実は、来るときも大変な苦労があったこと、これから家に戻るには紛争地を通らなければならないことを、帰る日に初めて語ってくれました。1990年代末、旧ユーゴスラビアやその隣国で内紛があり、多数の犠牲者があった頃の話です。

私は、この時初めて、自分自身が（外的要因で）生きるか死ぬかの不安を抱くこともなく平凡に生きていられる、あるいはそれまで生きてこられたことが、本当に有り難い（有ることが難しい）ことなのだと強く実感しました。自分にとっての当たり前は、世界の、あるいは他人の当たり前ではないのだと、そして同時に、日本という国がいかに「平和」であるのかと強く意識した瞬間でもありました。

最近は、ＳＮＳなどで簡単に世界中の人々と繋がったり、少し検索すれば、外国に関する情報を瞬時に得、動画でも体験的な視聴をすることができます。しかし、私たちはどれだけ本物の世界を知り、理解できているのでしょうか。情報技術がどれだけ発達しても（シンギュラリティ[1]を超えたら分かりませんが……）、そこに行かなければ知りえない、感じることができないことは確かに存在します。自分の目で見て、聞いて、においをかいで、味わって、触れて、五感をフル活用して自分にしかできない体験をしてほしいのです。それは他人を介さない、あなた自身の経験です。きっと、そこから見えていなかった新たな世界が見えてくるはずです。

あの親子とは未だ連絡を取ることができていません。平和な世界で穏やかに生きていてほしいと切に願っています。また会える日を信じつつ……。

参考文献

1）人工知能（ＡＩ）が人類の知能を超える転換点（技術的特異点）。または、それがもたらす世界の変化のこと（参照：朝日新聞社、朝日新聞クロスサーチ、現代用語辞典「知恵蔵」、https://xsearch.asahi.com/top/（参照2023-5-10））

おすすめの本

・山崎豊子『二つの祖国 上、中、下』新潮社、1983年。
・星新一『人民は弱し 官吏は強し』新潮社、1978年。

Short Essay 2　海外に羽ばたけ！自分と相手を「理解」し、「つなぎ」、自分を「変える」ことに挑戦しよう！

鷺坂　将伸

最初に外国語の辞書を作った人々は、かなり大変な思いをしたのではないでしょうか。言葉も通じない異国の人同士が、身振り手振り、たまには絵も交えて何とか意思疎通を図り、お互いを知り、協力し合い、それぞれの言葉を一語一語対応させ、辞書にするといった多大な労力を費やす作業だったと思います。このおかげで今の国際交流があり、これがなければ、お互いの国の状況・文化は理解されず、過去の争いはもっと広く深刻だったかもしれません。

私は英語が苦手で、海外の人と触れ合うことを恐れていた1人でした。子供の頃から憧れていた研究者になるという夢は、それを許さず、論文や学会発表から情報を得るのにも、研究成果を発信するのにも英語は不可欠で、読み書きだけでなく話すことも求められました。大学では、医薬・化粧品・食品など広く利用され、我々の生活から欠かせないものとなっている界面活性剤に興味を抱き、それを専門とする研究室に入りました。博士後期課程に在籍していたとき、教授から当該分野で先端的研究を進めていた米国デラウェア大学の研究室に3カ月間滞在し、研究する機会を頂きました。最初、英会話が不慣れな私は、ホストファミリーや滞在先研究室の先生・学生とうまく会話できず、相手を苛立たせることもよくありました。ホストファミリーからは近所の小学生と同じように扱われることがあり、ひどくがっかりしたことを覚えています。いくら大人で行動する能力があったとしても、意思が通じ合えなければ、相手から信頼されず、自身の価値を認めてもらえないこと

さぎさか　まさのぶ　　理工学研究科 物質創成化学科　教授
静岡県富士市出身。2003年に東京理科大学にて博士（工学）を取得後、産総研（国立研究開発法人産業技術総合研究所）にてCO_2の有効利用研究に従事。2004年に弘前大学に着任。環境調和・エネルギー関連の材料・技術の開発を進めています。

を学びました。このことがきっかけで、無理に流暢に話そうとすることをやめ、不格好ではありますが、自分の考えを伝えることを第一として、文章の区切りや抑揚を意識し、一語一語に気を配りながら話すことに切り替えました。また、メモと筆記用具をいつも持参し、理解してもらえないときは、文字で伝えるようにしました。3カ月間の留学後半には、話し手の内容をぼんやりとですが理解できるようになり、たどたどしくはありますが、間を空けずに返答もできるようになりました。これは、会話に慣れてきたこともありますが、私だけでなく、相手もどのようにしたら私とスムーズに意思疎通をできるか考えてくれていたためであると思います。最初に辞書を作成した人々のやりとりに通じるものがありますね。

私の場合、当時の先生の後押しもあり、一歩を踏み出すことができましたが、海外に興味があるけど言葉が通じず、馴染めないかも、受け入れてもらえないかもと不安に思い、その一歩を踏み出せない人の気持ちもわかります。実際、私のように最初は大きく自信を失う経験をするかもしれませんが、それは一時的なもので時間とともに慣れ、自分に合った意思疎通のやり方を学び、次第に自身も相手もうまく対応できるようになると思います。私にとって、この一歩を踏み出すことは、凝り固まった自身の狭い考え方から脱し、視野を大きく広げ、人生に様々な彩りを添えてくれる大きな出来事でした。この一歩のおかげで外国人との交流に抵抗がなくなり、その後の人生で、英国ブリストル大学で1年間研究生活（妻と6カ月の息子を連れて）を送る機会も得ました。そこでは多くの外国人研究者らと友人となり、今もなお彼らと共同研究を行っています。例えば、界面活性剤のミセルの構造を検討するため、英国ラザフォードアップルトン研究所にて彼らとともに小角中性子散乱実験（中性子線を材料に照射し、その低角度領域の散乱データから材料のナノ構造を調べる実験）を毎年数週間程度行っています。さらには、彼らの研究室を巣立った英国博士研究者を私の研究室に数カ月間受入れ、学生と一緒に研究してもらったり、一方では研究室の学生を連れて渡英し、彼らの研究室の学生と交流させ、学生を主体とした研究発表会を開催するなど、学生とともに様々な国際交流を実施できるようになりました。このような国際交流を通じて、研究室の学生が海外でも活躍できると自信を持ち、研究者として育っていく様子を見ることができました。

弘前大学から世界へ。新たな一歩として海外に挑戦し、いろいろな文化・人・もの・景色に触れ、自分の世界を、そして自分の可能性を広げる貴重な体験を、多くの弘前大学学生の皆さんにも是非経験してもらいたいと願っています。それが人生のかけがえのない経験、思い出になると信じています。

おすすめの本

・東野圭吾のミステリー小説。疲れた時や、出張の長時間移動の際によく読んでいます。人を引き込む魅力的な文章・ストーリー作成の勉強にもなります。

Short Essay 3　いつでも変われる、なりたい自分に

松﨑　正敏

自分は自分、価値観も目標も何もかも独りよがりで、まさに『バカの壁』[1]の中にいた筆者は、1983年に弘前大学に入学してから6年間の学部・大学院生活を過ごして就職・転職、40年経ったいま「こんなつもりじゃなかったんだけど、これでよかったのかな」と思いながら過ごしています。振り返ると、学生時代を含めて不安を抱えながら「自分で考えて変わり続ける」ことを受け入れたことで、新鮮な毎日を過ごすことができたと思います。この「自分で考えて変わり続ける」ことの大切さ面白さについて、私自身のいくつかのエピソードを交えて紹介します。

そもそも、「生命とは動的平衡にある流れであり、私たちの身体を構成する分子は絶えず分解され、食物として摂取した分子で置き換えられている。すなわち、私たちの身体の物質的な実体は数ヶ月前のものとは別物になっている」[2] わけです。ですから、生物である私たちは、変わらなければ生きていけない、変われなければ生き残ることができない、ということになります。とはいえ、今までとは違う環境に飛び込んで新しいことをするのは、面倒くさくて億劫で、ちょっぴり怖いものです。私の場合、幼稚園入園に始まって、小学校も高校も新たな旅立ちは、いつも不安で半べそをかきながら始まったように思います。そんな私が、野球一筋の高校生活の後に受験勉強もまともにしない浪人生活を経て、故郷から遠い遠い弘前大学にやってきた一番の理由は共通一次試験の成績と相談した結果ですが、誰も知る人のいない新しい場所で臆病少年からの脱皮を意図していたのかもしれません。

まつざき　まさとし　　農学生命科学部 国際園芸農学科　教授
本学農学部卒業、修士課程修了後、農林水産省の試験場でウシの成長生理と飼料の研究に従事した後、母校に戻って家畜飼養学の教育研究を担当。ヒトと家畜が持ちつ持たれつ幸せに暮らす未来を夢見ています。趣味は乗馬。

大学1年生でハマったのは、学業とは関係のない読書（今さらながらのシャーロックホームズシリーズ、ハメットやチャンドラーの探偵小説）、りんご農家や食品卸でのアルバイトなど、いずれも学業とは関係のない、一人でできることばかりでした。当時は1年次の教養科目の取得単位数が少ないと留年といって2年生になれない仕組みがあったのですが、本当にギリギリの成績で2年生になることができました。

大学3年生からは卒業研究をするために研究室に所属することになりますが、入学時にはその存在すら知らなかった畜産学研究室（現在の私の勤め先）を希望して配属されました。ここで人知れずハマったのが、専門書の通読です（『概説馬学』、『乳牛の科学』、『新乳牛の科学』などなど）。少し大学生らしくなりました。とはいえ、お経を読むよりもチンプンカンプンな読書でしたが、のちに畜産学の研究者になって、これらの専門書の著者たちに直接教えを請うことになろうとは想像もしていませんでした。研究者への憧れが強くなるにつれて、研究室にあった日本畜産学会報の総説（特定のテーマの研究の現状と課題を解説したような論文）をコピーして読み始めました。当時の指導教員は「君のところに、総説集があるそうじゃないか」とニヤニヤ笑っていました。余計なことを言われなかったので、自分で考える習慣が付いたように思います。まさに、「学問すれば、自分の頭でものを考えられるようになる。考える力がつく」[3] ことを実感しました。

その後、運良く国立の農業試験場で研究の仕事に就くことができましたが、研究者としては知識も実験技術も不足していることを痛感することになりました。どうしたか？　様々な制度を活用して、様々な研究者の所に教えを請いに行きました。付いたあだ名は「研修マン」です。つくばや島根にある研究所、大学の研究室、さらにはスコットランドの研究所で、学ぶ機会をつかみ取りました。何かを学んで「知る」ことにより、自分の考えはどんどん「変わる」ことに気づきました。

みなさん、もうどこにも模範解答はありません。自分のやりたいことを見つけて学んで、自分で考えて変わり続けてください、なりたい自分になるために。

参考文献

1）養老孟司『バカの壁』新潮社、2003年。
2）福岡伸一『動的平衡』木楽舎、2009年。
3）山田洋次監督『たそがれ清兵衛』松竹株式会社、2002年。

おすすめの本

・ユヴァル・ノア・ハラリ、柴田裕之訳『サピエンス全史　上・下』河出書房新社、2016年。

第4章

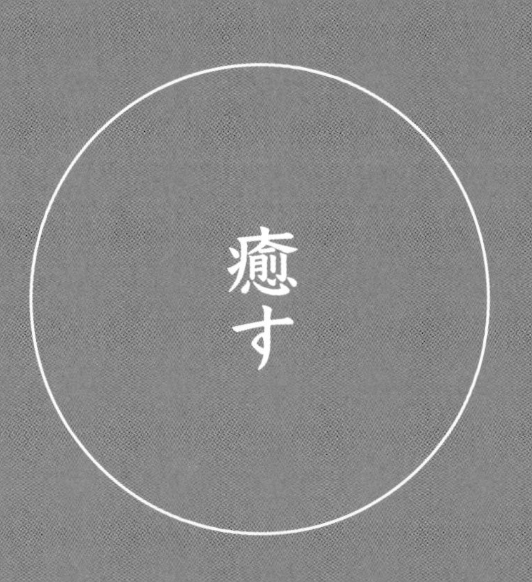

Cure

Lecture 1　医療行為をめぐる政治
—アメリカの人工妊娠中絶論争と生殖の自由・権利—

高内　悠貴

デブス判決の衝撃

ある医療行為をめぐって、アメリカ合衆国（以下、アメリカと表記）は大きな分断を経験しています。2022年6月、連邦最高裁判所は人工妊娠中絶手術（以下、中絶と表記）を州が禁止することを「違憲」と判断したロウ対ウェイド判決（1973年）を覆し、中絶へのアクセスは、憲法が保障する権利には含まれ「ない」という判決を下しました（図1）。この2022年の判決（デ

図１　2022年にロウ対ウェイド判決が覆された日の抗議活動の様子（口絵11）
（Wikimedia Commons）

たかうち　ゆき　　人文社会科学部　コミュニケーション　助教
専門はアメリカ史、ジェンダー研究。イリノイ大学アーバナ・シャンペーン校歴史学部博士課程修了。共著として、松原宏之、藤永康政編『「いま」を考えるアメリカ史』（ミネルヴァ書房）。

ブス判決）の結果、2023年5月時点で中絶を禁止する法律を施行する州は14州にのぼり、妊娠の継続が母体に危険を与える場合や、強姦の結果の妊娠などについても例外なく中絶を認めないという州も出てきています。

ロウ対ウェイド判決が下される1973年以前のアメリカでは、中絶は違法とされていました。このため中絶を必要とする人々は、非合法で非常に危険な処置に頼らざるを得ない状況にありました。中絶へのアクセスが禁止または制限されている状況は、「生殖の自由・権利（リプロダクティヴ・フリーダム、ライツ）」が奪われている状況であるといえます。生殖の自由・権利とは、すべてのカップルや個人が、身体に関する自己決定権を持ち、子どもを産むか産まないか、また出産の時期や間隔などを決定することができる自由と権利のことです。他者から妊娠・出産を強制されないこと、また差別や暴力を受けることなく妊娠・出産を行えることも、この権利に含まれます。

中絶が違法とされているために、生殖の自由・権利が侵害されている状況への批判の高まりに応え、政府が中絶を禁止するのは、市民が私的な事柄

図２　1970年ワシントンDCにて、女性の権利を求めるデモの様子

Women's liberation march from Farrugut Square to Layfette i.e., Lafayette Park / WKL. Photograph. https://www.loc.gov/item/2003673992/

について自ら決定するプライバシー権を侵害すると連邦最高裁判所が判断したのが1973年のロウ対ウェイド判決でした（図2）。1973年以降、中絶を支持するか否かは有権者が投票する政党や候補者を選ぶ際の重要な観点の1つとなりました。一般には、中絶を合法とすることで「（中絶を）選択する権利」を擁護する側には民主党支持者が多く、中絶は「胎児の権利」を侵害するとして批判する側には共和党支持者が多いという傾向があります。

なぜアメリカは、医療行為をめぐってこれほど政治的に分断されているのでしょうか？「選択する権利」と「胎児の権利」の対立を騒ぎ立てるメディア報道を見ていても、この分断の根源は理解できません。大学で、日本や諸外国の直面する様々な政治課題を学ぶということは、その問題の歴史的背景を深く理解し、言葉の裏に隠された利害関係を見抜く批判的な思考力を養うことです。このレクチャーでは、「選択する権利」と「胎児の権利」の対立という表層的な理解から一歩踏み込んで、アメリカで何が起こっているのかを考えたいと思います。

奴隷制度のもとでの生殖の自由・権利の侵害

生殖の自由と権利の歴史を考える上で、奴隷制度の歴史を外すことはできません。アメリカは、ヨーロッパからの入植者たちが北米に住んでいた先住民の人々から土地を奪いながら建てた国ですが、その土地を耕し、アメリカを近代国家へ成長させたのは奴隷にさせられた人々でした。ヨーロッパによるアフリカの植民地支配を背景に広がった、奴隷貿易を含む大西洋三角貿易の構図とは以下のようなものです。まず、アフリカを植民地化したヨーロッパ人たちは、アフリカの人々を「購入」し、「積荷」として南北アメリカとカリブ海地域の大規模農場へ売り出します。そして、南北アメリカで奴隷にさせられた人々の強制労働によって生み出された綿花など商品作物がヨーロッパに届けられます。その原材料はヨーロッパの工場で加工され、作られた製品はアフリカやアジアの市場に売られていきました。

奴隷制度のもとでアフリカから強制連行された人々は、身体的な労働に加え、生殖能力を搾取されました。その理由は、奴隷制度という制度を維持するためのルールに関わります。19世紀に奴隷制度が廃止されるまで、奴隷という身分は、母親の身分によって定義されました。つまり、奴隷の身分である女性から産まれた子どもも、奴隷という身分を引き継ぐことになりました。このルールのもとでは、白人の奴隷所有者にとっては、奴隷にさせられた黒人女性たちが多くの子どもを産めば産むほど、自分の「財産」が増えることになります。このような圧倒的に非対称な権力関係のもとで、白人による黒人女性に対する性暴力が横行したことは言うまでもありません。とりわけ1808年に国際的な奴隷貿易が禁止されると、奴隷にさせられた黒人女性たちは、奴隷所有者の財産を増やすために子どもを生むことを強制されるという暴力にますます晒されました。加えて、奴隷所有者は自分の「財産」である奴隷にさせられた人々を、自分の利益に合うように売買することができました（図3)。つまり、奴隷制度を維持するために奴隷にさせられた人々は妊娠・出産を強制されるものの、そのように生み出された家族は奴隷所有者の意のままに離散させられることになりました。

図３　ヴァージニアでの奴隷オークションの様子（ニューヨーク公共図書館所蔵）

優生学の時代の強制的な断種手術（だんしゅしゅじゅつ）

奴隷にさせられた人々から生殖の自由と権利を剥ぎ取った奴隷制度は、南北戦争後に廃止されました。しかし、マジョリティの利益のために、マイノリティの人々の生殖のあり方を管理・統制する動きは続きました。20世紀のアメリカで、優生学が広がったためです。優生学とは、選択的な人種の交配を通じて、「望ましい」遺伝的特徴をもった子孫のみを残すことを良しとする考え方です。たとえば、1932年の国際優生学会議のポスター（図4）には、優生学は「人間の進化の行方を自ら決めること」であり、「木のように、優生学はさまざまな場所から養分を取り入れ、有機的な統合と目的を与える」とあり、優生学が人類の向上につながるという考えが示されています。

図4　第3回国際優生学会議（1932年）のポスター
"A decade of progress in Eugenics. Scientific."（Wellcome Collection 所蔵）

他方、障害や病気を持つ人や、犯罪に走った人や貧困状態の人は、優生学の考え方では、「望ましくない」遺伝的特徴を持つ人々とされ、生殖を行うべきではない人々とされました。このような考え方に基づき、19世紀末には、遺伝すると考えられた病気や、精神病をもつ人たちが結婚することを禁止したり、生殖能力を奪う断種手術（だんしゅしゅじゅつ）を強制する州が出てきました。具体的には、1907年から37年の間に、州が生殖することが「望ましくない」とみなした人々に対する断種手術（だんしゅしゅじゅつ）を行うことを可能にする法律を可決した州は32に上り、6万人以上の人がそのような手術を受けさせられたと見積もられ、甚大な被害をもたらしました。多くの州でこのような深刻な人権侵害がまかり通ったのは、連邦政府もこれを承認していたためでした。連邦最高裁判所が下した1927年のバック対ベル判決は、ヴァージニア州の断種法を合憲と判断したため、この判決後、断種数は急増しました。

1960年代の黒人の権利運動のリーダーであるファニー・ルー・ヘイマー（図5）も強制的な断種手術（だんしゅしゅじゅつ）の被害にあった経験から、国家が人々の身体に介入する危険性を訴えるようになった一人です。優生学的な考え方のもとでは、彼女のように、黒人であり、女性であり、貧困層の出身であるような人々の生殖能力が、社会にとって利益のないものとして、合意なく強制的に奪われるということが起こってしまったのでした。

図5　1964年の民主党全国大会で演説を行うファニー・ルー・ヘイマー

Fannie Lou Hamer, Mississippi Freedom Democratic Party delegate, at the Democratic National Convention, Atlantic City, New Jersey, August 1964 / WKL. Photograph. https://www.loc.gov/item/2003688126/

ロウ対ウェイド判決の意義

生殖の自由と権利という観点からアメリカの歴史を振り返ると、中絶をめぐる論争は、アメリカのマジョリティである人々にとって「望ましい人種構成」や「あるべき家族関係」を実現するために、国家という公権力が市民の身体・生活に介入してきた長い歴史の中に位置付けて理解する必要があることが見えてきます。黒人の公民権運動や女性の権利運動が広がった20世紀後半には、人々は生殖の自由と権利が保証されることを求めて様々な要求を行いました。中絶へのアクセスは広範な要求のうちの1つであり、ロウ対ウェイド判決という形で最も見えやすい成果が出た論点であったにすぎません。

たしかに、ロウ対ウェイド判決により、それまで多くの人々が危険な中絶手術にアクセスするしかなかった状況が改善されたことは大きな成果でした。ただし、ロウ対ウェイド判決が、中絶へのアクセスは個人の「プライバシー権」に含まれるものと判断したことには問題もありました。もし中絶へのアクセスが、単に個人の私的領域（プライバシー）に関わる問題なのであれば、国家は人々の私的領域の問題に介入しないだけでその責任を果たしたことになり、積極的にその権利が保証されるような措置をとる必要はないということになるからです。

アメリカの歴史の中では、人種・民族マイノリティや、障害をもつ人、貧困層や福祉受給者といった特定のグループの人たちが、深刻な生殖の自由と権利の侵害を経験してきました。このような人たちを含むすべての人にとって、生殖の自由と権利が保障されるには、単に国家が人々の生殖に「介入しない」だけでは不十分です。中絶手術を受けることが違法ではないにしても非常に高額であったり、医療につながるまでのハードルが高ければ、結局アクセスが保証されたとはいえないからです。

ロウ対ウェイド判決なき後のアメリカ

中絶を法律で禁止するべきか否かを巡る論争を、「選択の権利」と「胎児の権利」という狭い枠組みで考えることの弊害とは、生殖の自由と権利の保障に重要な役割を果たすべき国家が透明化されてしまうことにあります。この枠組みのもと、「胎児の権利」を主張する人々は、中絶を必要とする人々を無責任で、命を無碍にする悪魔のように描き、多くの場合女性のみを槍玉に挙げて攻撃します。このような攻撃は、妊娠・出産を女性だけの問題にして男性の責任を問わないアンフェアな議論であるだけでなく、中絶を含む生殖の自由と権利を個人の問題にすり替えてしまう点で問題があるといえます。

中絶を禁止することで被害を被るのは主に女性たちですが、国家による身体の管理・介入が正当化される風潮が広がれば、その影響を受けるのは女性だけではないでしょう。現在のところ中絶へのアクセスがまだ可能である州においてさえも、デブス判決以降の各州の動きをみながら、暗い過去に引き戻されるような感覚に恐怖を感じている人たちは少なくありません。しかし、恐怖に立ちすくむ人ばかりではありません。ロウ対ウェイド判決以前の中絶手術が違法とされていたいわゆる「暗黒時代」にも、中絶を必要とする女性たちの電話を受け、秘密裏に手術が受けられるように助けた「ジェーン」という団体がありました。生殖の自由と権利を保障するためには、それを否定する法律を破ることも辞さなかったジェーンの歴史が再び注目を集めつつあり、生殖の自由と権利の保障のため闘う人も多くいるのがアメリカという国です。

他国の経験から日本のことを考える

現在アメリカで起こっていることを解説してきましたが、自分とは関係のない遠い国の話だと感じた人もいるかもしれません。外国の歴史や文化を学ぶことにはそれ自体に大きな意義がありますが、同時に、自分の身の周りの問題を気づかせてくれたり、振り返る参照点を与えてくれる営みでもあります。実際、優生学に基づく強制的な断種手術（だんしゅしゅじゅつ）という人権侵害の歴史は、日本もまったく他人事ではありません。日本では、1948年から1996年までの間に旧優生保護法のもと、とくに障害をもつ人々に対して、本人の同意なく生殖能力を奪う手術が1万6000件以上行われたと見積もられています。現在でも、政府からの謝罪と賠償を求める裁判が継続しています。自国で起きた深刻な人権侵害について向き合うことは簡単ではありませんが、一旦、他国の経験というレンズを通してみることは、繰り返してはならない過去から目を背けることなく、自分の意見を言語化することに役立つでしょう。

アメリカの事例を見ながら考えることで、生殖の権利と自由を保障するためには、単に中絶へのアクセスを確保するだけでなく、若者に対する性教育を充実させることや、医療保険制度を整え誰もが必要とするケアを受けられるようにすることも重要であることがわかります。この点で、日本もまだまだやるべきことがあるといえます。また、生殖の権利と自由の保障をもとめて闘ってきた人たちのことを考えるならば、医療行為を可能にするのは専門資格を持った医療職従事者だけではないことがわかります。患者となる人たちが安心してケアを受けられ、医療職従事者が法律を犯すリスクを背負うことなく患者に必要なケアを提供できる社会を実現するためには、医療職従事者だけでなくすべての人の不断の行動が必要であるといえます。

おすすめの本

・ダイナ・レイミー・ベリー、カリ・ニコール・グロス、兼子歩、坂下史子、土屋和代訳『アメリカ黒人女性史』勁草書房、2022年。
・優生手術に対する謝罪を求める会編『増補新装版 優生保護法が犯した罪：子どもをもつことを奪われた人々の証言』現代書館、2018年。

Lecture 2　看護学とは？ 看護職の魅力とは？

藤田あけみ

皆さんは、「看護学」ってどんな学問なのか、「看護師」ってどんな職業か、何をする人か、知っていますか。病院を受診したことがある人は、「看護師は病院で白衣を着て、採血や注射をしてくれる人」などのイメージがあると思います。私は看護師になって10年くらいたった時に、ある人から「看護師の特徴って一言でいうと何？　看護師って何する人？」と聞かれて、即答できなかった経験があります。学生時代に看護を学び、看護師になって10年以上にもなり、患者さんによりよい看護を行いたいと研鑽を積み、看護職にやりがいを感じていたのに看護師の特徴をわかりやすく伝えることができなかったのです。

このような経験から、改めて「看護学」を深めてみようと看護系大学の教員になりました。学びは自分のために学修するだけでは確かな知識になりませんが、「誰かに教えよう、伝えよう」と考えて学び、それを実践することで知識が自分のものになります。私が教員になって、改めて「看護学」について振りかえり、考えたことも含めて、看護学とは何か、看護職の魅力についてお話します。

看護の成り立ち

「看護」の「看」は、「手」を「目」の上に持って行った形で、手を目の上にかざしてよく見ること、病人の額に手を当てて発熱の有無をみるなど、看取りの典型的な行動を意味します。「看護」の「護」は、かばう、防ぐ、保

ふじた　あけみ　　保健学研究科 看護学　教授
青森県出身です。主な研究テーマは、がん看護、手術療法を受けた患者の看護、患者・家族への教育的かかわりについてです。日々、Evidence based nursing（根拠のある看護）を追求しています。

護するなどの意味があります。外から包むようにかばう。外から取り巻いてかばうことを意味します。すなわち、「看護」は「看取り護る」ことになります。

私達は、「健やかに暮らしたい」「苦痛なく生きたい」と思っており、これはいつの時代でも変わらない関心事だと思います。人は理性的存在である一方で、日々の暮らしの中で直面する病や障害、災害、死といった自分自身をおびやかす事柄に対しては傷つきやすく、他者に助けを求め、依存することがあります。多くの人は困っている人、傷ついている人、途方に暮れている人がいれば、手を差し伸べてきました。それは、人間には他者を気遣う能力が備わっているからといえます。日々の暮らしの中で、主として家庭内で行われてきた看護は、身近な他者に対する気遣いと、よく動く手によって行われてきた極めて人間的な行為です。中世においては、キリスト教や仏教などの宗教とのかかわりの中で、看護の対象者は家族や身近な人達だけでなく、ケアを求めている見知らぬ人々にまで広がりました。家族や宗教家を中心に「ケアしたい」という動機に支えられ、看護は行われてきたのです。

職業としての看護師が誕生したのは、フローレンス・ナイチンゲール（Florence Nightingale、1820～1910）（図1）の功績が大きく影響しています。フローレンス・ナイチンゲールは、「看護覚え書」[1)] の著者で、近代看護の祖として、「看護とは何か」を初めて定義し、職業とする人を「看護師 (nurse)」と呼びました。看護師を養成するには専門的な教育が必要であると主張し、看護は社会化されていったのです。ナイチンゲールが広く知られるようになったのは、クリミア戦争での活躍でした。その後の第1次世界大戦、第2次世界大戦という大きな戦争では、皮肉にも社会が看護師を認知し、存在の重要性を認識することになったのです。

図１　フローレンス・ナイチンゲール

看護学とは

1950年代に科学としての看護が出現するまでは、看護実践は徒弟制度的な教育を通して受け継がれてきた原理や伝統、何年にもわたる経験から生まれた常識的な知恵に基づいて行われていました。それ以降、今日に至るまで、アメリカを中心に看護の先人たちは、看護実践の基盤となる看護の学問的構築に向けて貢献してきました。

看護学は、看護の現象に焦点を当て、看護の対象となる人々の生命や生活の営みを包括的に理解し、人々の健康やQOL（Quality of life）の向上を目指して、必要な知識を開発し体系化する実践の科学です。看護学は、医学をはじめとする自然科学、対象を理解するための人文科学や社会科学などの基礎科学の学問領域の知識や技術を活用してきました。これらの基礎科学に対して実践の科学として位置づけられています。看護学において重要なのは、看護の視点で、看護の哲学を中心として、看護の現象を説明するために必要な知識を取り込みながら、看護学として発展させていくことです。看護の哲学とは、看護とは何か、看護者としていかに行動すべきか、看護に関する知への探求であり、看護学の方向性を模索し示唆していくことです。

看護学を構成する主要概念（メタパラダイム）として「人間」「環境」「健康」「看護」があり、先人の理論家は看護の現象を明らかにするための中心的な概念として取り上げてきました。メタパラダイムとは、学問を体系化するための概念枠組みです。人間は看護活動の受け手、環境はその受け手を取り巻

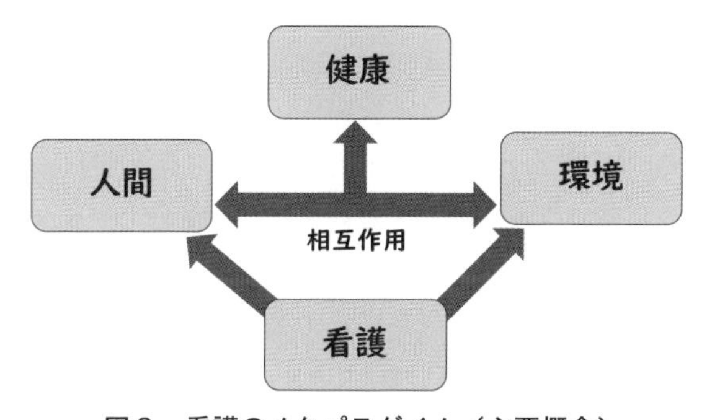

図２　看護のメタパラダイム（主要概念）

く状況、その人に影響を及ぼすすべてのもの、健康は看護の受け手の「よい状態」を指しています。看護の対象である人間は環境と連続的に相互作用をもつため、人間の健康に環境は大きく影響しているといえます（図2）。

看護って何？（看護の定義）

主な看護の定義について、表1にまとめました。

表１　看護の定義

専門職団体	定義
国際看護師協会（ICN） （簡約版）[2]	看護とは、あらゆる場であらゆる年代の個人および家族、集団、コミュニティを対象に、対象がどのような健康状態であっても、独自にまたは他と協働して行われるケアの総体である。看護には、健康増進および疾病予防、病気や障害を有する人々あるいは死に臨む人々へのケアが含まれる。また、アドボカシーや環境安全の促進、研究、教育、健康政策策定への参画、患者・保健医療システムのマネジメントへの参与も、看護が果たすべき重要な役割である（2002年、日本看護協会 訳）。
日本看護協会（JNA） 看護職の倫理綱領2021年より[3]	看護は、あらゆる年代の個人、家族、集団、地域社会を対象としている、さらに、健康の保持増進、疾病の予防、健康の回復、苦痛の緩和を行い、生涯を通して最期まで、その人らしく人生を全うできるようその人のもつ力に働きかけながら支援することを目的としている。
アメリカ看護師協会(ANA)	「看護とは、顕在的または潜在的な健康問題に対する人々の反応（responses）についての診断と処置である。(1980) 看護実践の４つの特徴 ①看護問題のみに焦点を当てるのではなく、健康と病気に対する人間の体験および反応の全範囲に注目すること ②客観的データと、患者あるいは集団の主観的な体験の理解をとおして得た知識を統合すること ③診断と手当への過程へ科学的知識を適用すること ④健康と癒しを促進するケアリングの関わり合いを提供すること（1995）

国際看護師協会（ＩＣＮ）の定義（簡約版）によると、「看護とは、あらゆる場であらゆる年代の個人および家族、集団、コミュニティを対象に、対象がどのような健康状態であっても、独自にまたは他と協働して行われるケアの総体である。看護には、健康増進および疾病予防、病気や障害を有する人々あるいは死に臨む人々へのケアが含まれる。また、アドボカシーや環境安全の促進、研究、教育、健康政策策定への参画、患者・保健医療システムのマネジメントへの参与も、看護が果たすべき重要な役割である（2002年、日本看護協会訳）。」[2] と謳われています。

また、日本看護協会（ＪＮＡ、2021）の看護職の倫理綱領の前文には、

「人々は、人間としての尊厳を保持し、健康で幸福であることを願っている。看護は、このような人間の普遍的なニーズに応え、人々の生涯にわたり健康な生活の実現に貢献することを使命としている。看護は、あらゆる年代の個人、家族、集団、地域社会を対象としている。さらに、健康の保持増進、疾病の予防、健康の回復、苦痛の緩和を行い、生涯を通して最期まで、その人らしく生を全うできるようその人の持つ力に働きかけながら支援することを目的としている。看護職は、免許によって看護を実践する権限を与えられた者である。看護の実践にあたっては、人々の生きる権利、尊厳を保持される権利、敬意のこもった看護を受ける権利、平等な看護を受ける権利などの人権を尊重することが求められる。同時に、専門職としての誇りと自覚をもって看護を実践する。」[3)]と記載されています。

看護理論家のヴァージニア・ヘンダーソン（Virginia Avenel Henderson、1897～1996）（図3）は、「看護の基本となるもの」の中で、「看護師の独自の機能は、病人であれ健康人であれ各人が、健康あるいは健康の回復に資するような行動をするのを援助することである。その人が必要なだけの体力と意思力と知識とをもっていれば、これらの行動は他者の援助を得なくても可能であろう。この援助は、その人ができるだけ早く自立できるように仕向けるやり方で行う」[4)] と述べています。

図3　ヴァージニア・ヘンダーソン

これらから、看護の対象はあらゆる年代の個人、家族、集団、地域社会であり、看護職は、他の専門職者や他の公共部門サービスの人々とともに、対象の健康増進、疾病予防、健康の回復、死に臨む人々への援助という役割があります。

看護職って何するの？（看護職の役割や機能）

看護師は保健師助産師看護師法に規定された「療養上の世話」と「診療の補助」を専門職として高い道徳的理想に基づいて実践します。

看護職の役割の重要なこととして、ケアリングやチーム医療などの多職種における連携と協働があります。「ケアリング」について、哲学者であるミルトン・メイヤロフ（Milton Mayeroff、1925～1979）は、「一人の人格をケアすることは、最も深い意味で、その人が成長すること、自己実現することをたすけることである」[5]と述べ、他者へのケアを通して自分自身も成長できるというケアリングの基本概念を確立しました。また、看護理論家のジーン・ワトソン（Jean Watson、1940～）は、「ケアリングが実践される場は、人と人とのかかわりのなかにあり、ケアリングはニーズを充足することを目指している」[6]とケアリングは看護実践の中核であり、看護師には患者の尊厳と人間性を守り抜く覚悟と責任が求められていると述べています。同じく看護理論家のパトリシア・ベナー（Patricia Benner、1943～）は、「ケアリングは患者に関心をもち、気遣うことから始まり、他者に看護を提供することで自己成長につながるという一連の過程がケアリングである」[6]と述べています。ケアリングは看護において不可欠であり、看護実践そのものがケアリングであると考えます。看護師は、全体的存在として患者をとらえています。そのため、患者に関心をもち、視線を合わせ、直接触れ、語りを聴き、声をかけるというかかわりによって、「看護師－患者」関係以前の「人間対人間」の関係性を築くことができます。

現代の医療現場においてチーム医療は、医療の高度化・複雑化に伴って増

図４　チーム医療・多職種連携

大する業務に対応する上で欠かせないアプローチとなっています。それぞれの職種の専門的知識と技術に基づく専門性を発揮して実践することにより、最善の医療を患者に提供することができます。チームアプローチが機能するためには、互いの専門性を尊重し、対等な立場で議論をすることが重要です。

チーム医療における看護師の役割として、患者の望ましい状態を第一に考える調整役があります。チーム医療の実践には多職種間の連携と協働が必須であり、職種間のコミュニケーション、情報の共有が重要となります。多くの医療職種の中で24時間患者とともにいる看護師が患者のニーズを把握し査定（アセスメント）し、多職種と積極的にコミュニケーションを図り情報共有し、患者に必要な援助を提供する要になる必要があります（図4）[7]。

弘前大学医学部保健学科では「多職種連携演習」という、保健学科の5専攻と心理支援科学科、医学科と合同で実施している科目があり、多職種連携を学生の頃から体験的に学ぶことができます。多職種で解決することが望ましい事例の生活における問題の明確化や解決方法について、多職種で構成されたグループで話し合い、学びを共有する授業を行っています。

看護職の魅力

医療は科学技術を用いた治療（cure）に限界があったとしても、人と人との間で生まれるケアの核となる癒しは、提供することができます。治療に限界があり、医学的にできることがなくなったとしても、患者は自身が抱える苦痛や苦悩からは逃れることができません。人間としてのニーズは持ち続けていると思います。そのような患者に寄り添うことができる、その人らしく生を全うすることができるように患者のそばに寄り添うことができるのが看護師であると思います。患者は疾患を持っているのではなく、病を経験しているのだということを忘れず、一人ひとりを人間として理解し、ケアをすることを通して看護師自身も成長することができます。看護職には、対象となるあらゆる年代の個人、家族、集団、地域社会が健康に向かうためのケアについて根拠をもって考え、実践することを通して、看護職自身の成長につながるという魅力があります。

入学した皆さんの中には、看護職になって社会に貢献したいと思っている人がいると思います。私達と一緒に学び、看護職の魅力を感じながら、自分の可能性を広げ人間として成長していきましょう。

参考文献

1）フロレンス・ナイティンゲール、小玉香津子、尾田葉子訳『看護覚え書き：本当の看護とそうでない看護 新装版』日本看護協会出版会、2019年。
2）国際看護師協会、日本看護協会訳『ICN 看護の定義（簡約版）』国際看護師協会、2002 年。（https://www.nurse.or.jp/nursing/international/icn/document/definition/index.html、最終閲覧日2023年4月5日）
3）看護職の倫理綱領（https://www.nurse.or.jp/assets/pdf/nursing/code_of_ethics.pdf 、最終閲覧日2023年4月5日）
4）ヴァージニア・ヘンダーソン、湯槇ます、小玉香津子訳『看護の基本となるもの再新装版』日本看護協会出版会、2016年。
5）ミルトン・メイヤロフ、田村真、向野宣之訳『ケアの本質：生きることの意味』ゆみる出版、1987年。
6）宮脇美保子編集『看護学概論第5版』メヂカルフレンド社、2021年。
7）野嶋佐由美編集『看護学の概念と理論』日本看護協会出版会、2021年。

おすすめの本

・フロレンス・ナイティンゲール、小玉香津子、尾田葉子訳『看護覚え書き：本当の看護とそうでない看護　新装版』日本看護協会出版会、2019年。
・ミルトン・メイヤロフ、田村真、向野宣之訳『ケアの本質：生きることの意味』ゆみる出版、1987年。

Lecture 3　脳機能からみた姿勢保持および運動時のバランス調節機構

髙見　彰淑

脳卒中リハビリテーション医療上でのバランス障害とは

脳卒中後遺症者に対して、歩行獲得を目指し治療介入している際、歩けないのは「バランス不良」が原因であると表現する機会が少なくありません。しかし、それは片麻痺による非対称性のことか、平衡機能障害のことなのか、他の要素なのか不明瞭なことを多く経験します。

「バランス」を辞書で調べると平衡、調和、均衡を意味すると記述されています。われわれも日常会話でよく使うまたは耳にする言葉で、収支のバランスをみて一喜一憂した、栄養のバランスが整っているとか、体操選手を見て身体バランスがすごいと感嘆するなど、使い勝手の良い表現として広く用いられています。

脳卒中リハビリテーション医療の現場でも、「バランス」や「バランス障害」はよく用いられている表現です。リハビリテーション医療は、一般的に食事やトイレ、更衣、歩行などの「日常生活活動」が何らかの原因（疾病や後遺症など）で遂行できない際に、再獲得を支援するサービスになります。例えば、日常での歩行が出来ないという活動制限を生じた場合、その原因として膝の痛みや筋力低下、運動麻痺、感覚障害などがあげられます。それを改善したり、かなわない場合には代替え手段を講じたりして、再獲得させます。この原因となる痛みや運動麻痺などを「機能障害」と呼びます。先に述べたように、医療現場では、歩けない原因を「バランス障害」と表現するこ

たかみ　あきよし　　保健学研究科 総合リハビリテーション科学　教授
私は以前、脳の専門機関で働いていました。そこで、新規の脳卒中患者のリハビリテーションを担当していて、約 4,000 人の患者をみてきました。脳機能は複雑で不明な点が多く、その分面白いとも感じています。

とを多く見かけます。「バランスが不良だから歩けない」は一見的確な印象を持ちますが、バランス障害とは何でしょうか。じつは、バランス障害を形成しているのが、前述の痛みや運動麻痺、感覚障害などの機能障害なのです。では、逆のみかたをするとバランスは日常生活と同次元かというと、そうではありません。日常生活活動の制限でもないし、機能障害でもないという立場になります。実利的な言葉ではありますが、曖昧な用語でもあるのです。それでは、リハビリテーション医療上はどのような位置づけとして語られるかというと、姿勢保持安定性や運動制御、平衡機能などを表すことが慣例となっていますが、実情はよくわかっていません。今回は、姿勢や運動時の制御に焦点を当て、万能に見え実相の理解が難しい「バランス」について脳機能の視点から述べていきます。

脳損傷になった際のバランス調節機構の破綻

立位（起立姿勢）などの姿勢保持や運動を円滑に行う際、姿勢制御と運動制御が必要です。制御を受けた姿勢などの安定性保持能を意味する言葉としては、いわゆる身体の「バランス能力」や「バランス調節機構（図1）」などと表現します。その調節機構には図2〜6に示すような①筋協調性要素（図2)、②筋出力・随意運動（図3)、③認知機能（図4)、④感覚機能、⑤予測的

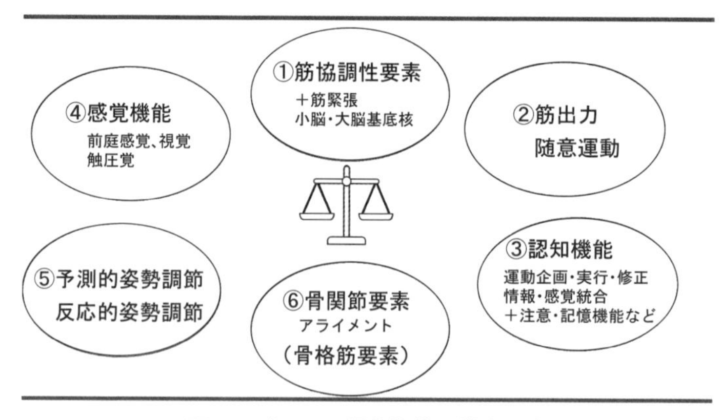

図１　バランス調整機構の構成要素

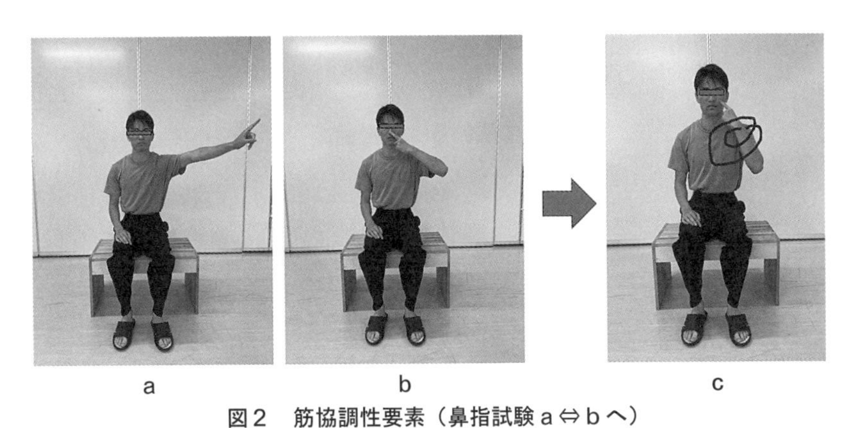

図２　筋協調性要素（鼻指試験 a ⇔ b へ）

左人さし指を立てて、肩屈曲外転位にリーチする（図 a）。小脳などが損傷されると、鼻からずれたり、うまく鼻に到達できず、動揺（企図振戦：目標物に手が届きそうになると強くなる震え）が出現することもある（図 c）。

姿勢調節・反応的姿勢調節（図5）、⑥骨関節要素（図6）が関係しているとされています。姿勢および運動制御の中枢である脳の機構は、これらの制御システム全般に影響をおよぼします[1)]。

脳卒中や頭部外傷など脳損傷をおこすと、損傷部位によってはその破綻が運動系、感覚系、認知・知覚系など姿勢制御に必要な各因子の機能障害を引き起こすことがあります。運動系障害として、運動麻痺や筋緊張異常（ギター弦の張り具合の不良をイメージ）、共同運動の異常や運動のタイミング不良などの協調性障害（運動失調とも言い酩酊様状態もこれの一種）、不可思議な動きを制御できない不随意運動、筋力低下や関節可動域障害などの二次性筋骨格障害（前述の骨関節要素に関連）などを生じます。なお、脳損傷時の運動麻痺は、筋力低下のみではなく、多様かつ選択できていた運動パターンが、制約され画一化される共同運動の障害が特徴的です。この代表例に足部の底屈、内反する（足首が下がり、母指側が上を向く様子；図3）パターンの固定化があり、最終的に骨関節のアライメント不良に結びつきます。感覚系障害としては、触覚や圧力検出である圧覚、関節運動覚などのいわゆる体性感覚の鈍麻、視覚障害、内耳に位置する前庭機能障害などから生じる平衡機能障害があります。認知・知覚系障害では、認知系として、動作の企画、修正などの遂行機能や注意、記憶、運動戦略などの障害、知覚系として身体図式や左右・身体部位の同定障害、空間や自己身体の無視などいずれも姿勢や運動制御に関わる様々な障害が存在します[3)]。

図３　随意運動、筋出力の要素（痙性片麻痺患者模倣）

立位から左足を出そうとするが、随意運動の障害（運動麻痺）で左肘屈曲、手関節掌屈、手指屈曲位、足関節底屈、内反足がでやすい。＊なお、脳卒中患者では一般的に、随意運動の不良と筋出力低下が混在する。

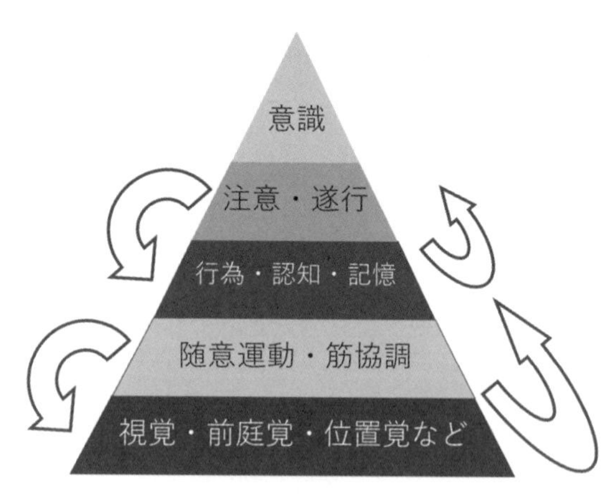

図４　認知機能について

認知機能（上から3段目以上）は階層性構造になっていて、下層の感覚入力（視覚・前庭覚・位置覚）などを受け統合し、姿勢を保つ戦略を立て随意運動や筋緊張を調整し、姿勢を保つようにする

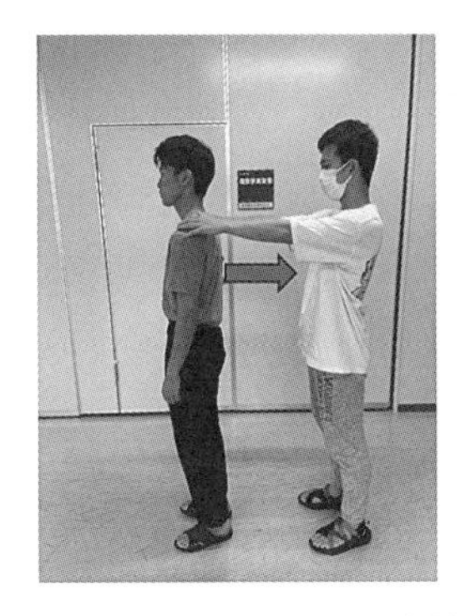

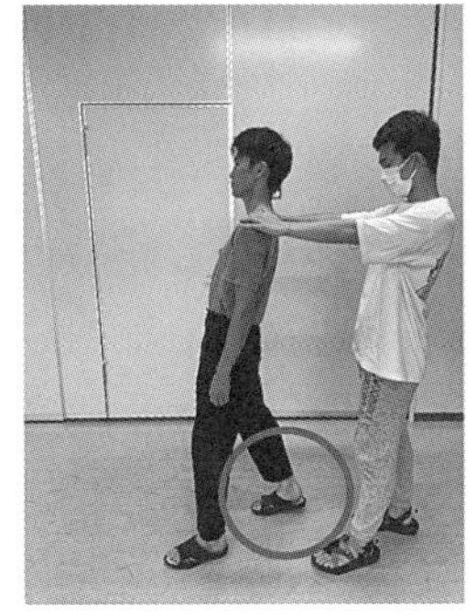

図５　反応的姿勢調節要素

立位から後ろ方向に引く、外力を加える。バランスを保とうとして、右足が一歩後ろにステップする。踏み直り反応とも言う。

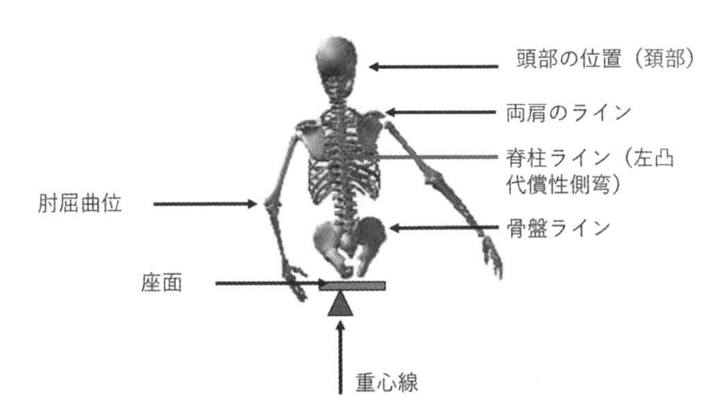

図６　骨関節要素

座位姿勢は、運動麻痺や筋緊張異常、2次的関節拘縮などでアライメントが左に傾き、重心が左（麻痺側）に偏位している。

脳から捉えるバランスの調節機構

１．随意運動、筋協調性要素および認知機能について

随意運動に関わるのは大脳皮質や小脳、大脳基底核などです。伝導経路としては大脳皮質から脊髄への直接下行路である錐体路（すいたいろ）があります。その神経

線維は延髄で交差し、反体側の脊髄に向かうことで、随意運動を制御しています。よって、右半球の脳損傷では左の身体に症状が出やすくなります。一方錐体外路は運動や姿勢保持に対する無意識的な運動をコントロールし、運動が円滑に行うことができるように筋緊張などを調節します。構成部位の損傷や組織の変性があれば、場合によって自分の意思とは関係なく症状が出る不随意運動や固縮、筋強剛などの筋緊張の異常を認めたりします。被殻や淡蒼球、黒質など大脳基底核が深く関与しています。

また、運動や姿勢制御機構でも大脳と小脳との関係性を考えることが必要です。小脳の役割の一つとして、四肢や頸部・体幹同士の制御があります。協調された筋活動調整や筋収縮の時間的、空間的タイミングの適正化が重要な要素の一つです。運動制御では、大脳にある前頭葉に位置する運動前野や補足運動野から橋核、小脳、視床外側腹側核を経由し、運動関連領野に至ります。この経路の障害で運動失調、筋緊張低下などを生じ、四肢・体幹が動揺し円滑性が失われます。運動技能習得にはフィードバックも大切ですが、随意運動に先立つ運動前発射で技能を担保するフィードフォワードも、小脳の重要な役割の一つです。フィードフォワード機能は、正確で素早い動作の切り替えができます。それを強化すれば、スポーツなどのスキルアップも目指せるかもしれません。

また、小脳は前頭葉を主軸とした認知機能にも深く関与しています。前頭前野から、橋核－小脳－視床内側核、また戻って前頭連合野という回路があります。この経路のどこか一部が障害されれば、記憶や情動に基づく運動および行動計画、身体図式に照らし合わされた運動行動が制約されることがあります。これらは随意運動の際、常に協働し自己身体および環境からの感覚情報を頭頂連合野などで統合し、生成された情報が前頭連合野に送られます。それが、運動前野や補足運動野と一次運動野を含めた運動関連領域に送られ、大脳基底核や小脳などと連携し適切な運動戦略を作り出します。動作時には脳内における視覚情報から運動情報への変換も必要です。

集中力にも関わる注意の機能も重要で、これも認知機能の一つです。外部の環境と身体情報に基づいて、姿勢や運動が制御されます。この同時作業には注意機能が必要です。注意持続機能も大事ですが、必要な内部表象や外的情報に対し注意を向け選択し、かつ配分調整が重要で、状況や環境の変化に柔軟に対応する必要があります。例えば、複雑な計算課題など注意要求課題を増加すると、姿勢の乱れや、動作の遂行遅延を生じます。前頭前野などが関係しています。

2．前庭感覚、視覚、触圧覚の機能

運動や姿勢制御に関わる感覚は、平衡機能を考えればやはり前庭感覚が中心です。角速度の三半規管、直進加速度の球形嚢（きゅうけいのう）・卵形嚢（らんけいのう）で前庭は構成され、前庭神経は橋や延髄の前庭神経核に入り、小脳や視床、眼球運動ニューロンなどに分布し反射的に素早い制御を行うと言われています。

視覚入力は前庭に比べやや処理が遅いと言われますが、適切な空間情報を提供するなどして制御に関わります。歩行や走行など移動時には、オプティカルフローによる身体の運動方向や速度情報が得られます。オプティカルフローは、視覚像のながれによる自己運動知覚の機能です。ジェットコースターの仮想現実などで味わう、対象ではなく自身が動いているという錯覚は、この機能をもとにしています。視覚情報は後頭葉が中心となります。

足底の触圧覚や関節運動覚などの種々の体性感覚は、脊髄に入力されます。大脳皮質や脊髄小脳路（せきずいしょうのうろ）から脳幹網様体経由で、大腿四頭筋や股関節伸展筋、脊柱起立筋などの抗重力筋をコントロールします。足圧中心位置や身体各部位の相対位置も把握することができます。この体性感覚など一次感覚野で処理された情報は、上頭頂小葉に送られ、下頭頂小葉（頭頂連合野）を経由し、背外側前頭前野（はいがいそくぜんとうぜんや）に向かい感覚と運動の情報を変換します。このうち上頭頂小葉は、姿勢や身体の動きに関与する身体図式構成に関わると考えられています。身体図式は感覚情報が収束する側頭－頭頂皮質で生成され、身体の傾きやアライメント、空間内位置情報さらには安定性限界の情報などを運動前野、補足運動野に送り、身体保持や運動の認知に関わるとされています。

3．予測的姿勢調節と反応的姿勢調節

自動的な姿勢制御には、外乱に対して身体を補正する反応の反応的姿勢調

節と運動開始や変更時に先行して最適な姿勢を保持しようとする、予測的姿勢調節があります。反応的姿勢調節は姿勢反射と呼ばれることもあり、姿勢が崩れたとき身体各部位を調整し、立ち直ろうとする反応や、立位などで押されたとき、足を一歩踏み出して姿勢を保持しようとする、踏み直り反応などがあります（図5）。予測的姿勢調節は先に述べた身体図式と内側運動制御系が重要な役割を担います[3)]。内側運動制御系は、一次運動野、補足運動野、運動前野などを起始とする前皮質脊髄路と網様体脊髄路、前庭脊髄路、被蓋脊髄路など脳幹部を起始とする脳幹－脊髄下行路で構成されます。網様体脊髄路は、体幹と四肢近位筋の協調性から姿勢や歩行を制御します。速い動きの姿勢調節や粗大運動、歩行時の中枢性パターン発生を促通させます。前庭脊髄路は抗重力筋の活動を亢進させたりします。直立姿勢の保持や頸部の動き、眼球運動にも作用しています。被蓋脊髄路は頚髄に投射し、眼球運動と頚部・頭部の協調運動に関与します。

運動実行には、動機や意思、外部刺激対応などに関して、前頭前野中心に運動プランが形成され、小脳や大脳基底核情報を踏まえ高次運動野でプランニングされます。頭頂連合野で統合された身体図式情報が関与することで、姿勢制御プログラムが内側運動制御系の下行路を通じ形成されます。実際の運動には、高次運動野や小脳が働き骨格筋が収縮して動作が始まります。実施後修正や補正が必要であれば、立ち直り反射や平衡運動反応が起こります。動作時の姿勢補正には反応的姿勢調節が働きますが、歩行など連続的な動作で絶えず調整を要するものは、予測的姿勢調節の関与が必要になります。

このように、バランスに関わる機構は多種多様であり、判明していない点がまだ多くあり、用語の定義も曖昧です。活用条件を明示したうえでさらなる定義づけ、解明が待たれます。

参考文献

1）高見彰淑「脳卒中片麻痺によるバランス障害の評価と理学療法」、『理学療法』29巻4号、メディカルプレス、2012年、389-397頁。

2）高見彰淑「脳卒中による姿勢異常に対する理学療法」『理学療法』24巻1号、メディカルプレス、2007年、188-195頁。
3）望月久『バランス障害リハビリテーション』メジカルビュー社、2021年、2-29頁。

おすすめの本

・望月久『バランス障害リハビリテーション』メジカルビュー社、2021年。

Short Essay 1　がんが考える

鬼島　宏

がんとは

一般的に「がん」とはどんな病気でしょうか。医学的には、がんは悪性腫瘍（悪性新生物）と呼ばれています。厚生労働省の統計によると、死因別にみた死亡率の年次推移では、がんが一貫して上昇し、1981年以降は連続して第1位となっています[1)]。がんは多くの人が罹りうる病であり、進行すると死亡する原因となることが分かります。一方で医療の進歩により、がんをしっかりと治すことが可能となり、不治の病ではなくなってきたと言えます。

ヒトのからだは、約37兆個の細胞より出来ています[2)]。様々な形態や機能を示す細胞が統合されて、ヒトという個体を形成しています。がんも、自分自身に由来する細胞（がん細胞）から出来ています。しかしながら、がん細胞は、「個体の制御を逸脱して自律性増殖する」特徴を有しています。体内で、がん細胞が異常増殖することで、正常細胞を破壊してしまうために、ヒトの個体に悪影響を及ぼしています。

がんの巧みな機能

はたして、がん細胞は傍若無人のごとく異常に増殖をしてヒトの体を破壊してゆくのでしょうか。この問いに対する答えは、「いいえ」となります。がん細胞といえども、栄養補給が不可欠ですし、増殖した細胞塊が崩れないような構造も必要です。このため、がん細胞は、生理活性物質を介して、周

きじま　ひろし　　医学研究科 附属地域基盤型医療人材育成センター 医学教育学　教授
昭和33（1958）年生。いわゆる多趣味で、読書・音楽・博物館好きです。小学生高学年から上野の博物館・美術館で一日過ごせました。スポーツ好きでもあり、スキー・登山・バドミントン・ボルダーをしています。

囲に存在する正常細胞に対して指示を出し、血管・リンパ管などを新生したり、がんに特徴的な組織構築をしたりしています。言い換えると、がん周囲の正常細胞を組織内に取り込み、しっかりと制御しながら、がん塊を形成しています。驚くべきことは、異常増殖したがん細胞は、体内の免疫機構の監視で排除されないような機能も備えています。

臨床的に捉えられる「がん」の塊を細胞レベルで観察すると、がん細胞のみならず、無数の正常細胞が含まれています（図1）。

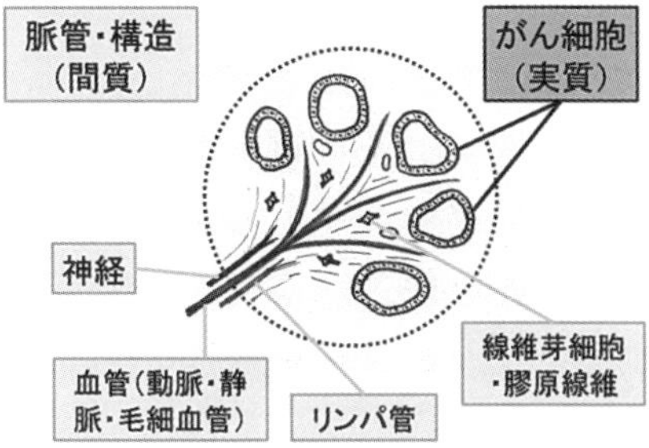

脈管・構造
（間質）
がん細胞
（実質）
神経
線維芽細胞
・膠原線維
血管（動脈・静脈・毛細血管）
リンパ管

図1　がんの構築
臨床的に捉えられるがん塊は、異常増殖しているがん細胞（実質）、およびその周囲の血管・リンパ管や構造を保つ細胞（間質）で構築されている。

「がんが考える」その先は

がん自身が考え、巧妙な機序を駆使しながら時間をかけて、がん塊内の微小環境を整えて、がん細胞増殖を行っています。悪性腫瘍（＝がん）と良性腫瘍の違いは何でしょうか。異常増殖するという観点では、良性腫瘍細胞もがん細胞と同様です。良性腫瘍では、周囲の正常組織を破壊することが少なく、転移することもありません。つまり全く無秩序に細胞増殖するのではなく、ある程度制御する機序が備わっているようです。この機序を応用すれば、がんの制圧にもつながる可能性があります。

図2　弘前肉腫記念石碑（口絵12）
「弘前肉腫　腫瘍医学への貢献」の記念石碑が、弘前大学本町キャンパス・医学研究科基礎研究棟北西角の大黒松小公園内に設置されています。

体の組織の一部が潰瘍や外傷などで欠損しても、欠損部位が修復されます（創傷治癒（そうしょうちゆ））。創傷治癒（そうしょうちゆ）部を細胞レベルで観察すると、細胞増殖・血管新生が盛んに行われています。このような組織の再構築はがんの微小環境ととてもよく似ています。これらの機序を応用できれば、再生医療の研究はより進歩する可能性もあります。

弘前でのがん研究

弘前大学では、開学以来現在まで、がんの研究が盛んに行われてきています。弘前肉腫というがん細胞は、弘前大学の黎明期にあたる昭和26（1951）年に臼渕 勇 名誉教授（第6代学長）により発見され、がんに対する薬剤療法に関する研究に役立てられました。遠藤正彦第12代学長は、弘前肉腫について「学問の場で国際的に『ヒロサキ』の名を現（あらわ）した第1号であったろう」と述べています。弘前大学本町キャンパス・医学研究科基礎研究棟北西角の大黒松小公園内に「弘前肉腫　腫瘍医学への貢献」の記念石碑が設置されています（図2）。近くを訪れた際には、是非とも記念石碑を見ていただき、大学黎明期の功績の息吹を感じてください。

参考文献

１）厚生労働省 令和3年（2021）人口動態統計月報年計（概数）の概況（https://www.mhlw.go.jp/toukei/saikin/hw/jinkou/geppo/nengai21/dl/kekka.pdf、最終閲覧日2014年5月17日）
２）Bianconi E, et al. Piovesan A, An estimation of the number of cells in the human body. Ann Hum Biol. 2013; 40(6): 463-471.

おすすめの本

・『新潮日本文学アルバム』（新潮社：作家別シリーズ本）
文庫本で小説を読みつつ、執筆した作家の背景をアルバムを通して思いをはせる。このアルバム片手に太宰治ゆかりの地も訪れました。最近は、堀辰雄、高村光太郎、樋口一葉を読みました。

Short Essay 2　ワクワクドキドキしたことに取り組む

栗林　理人

1989（平成元）年、私は精神科医としての歩みを始めました。とくに子どもの精神科臨床に興味を抱き、不登校の子どもたちの治療に取り組みました。精神科医としての経験を少しずつ積み上げるうちに、不登校の子どもたちが改善していく過程で、家族関係が大きく好転していくのを目の当たりにしました。家族という集団の中で、家族間の様々な問題は、いつしか歪みのたまりやすい部分である子ども世代に、不登校の状態を引き起こすように感じました。臨床経験を重ねるうちに「集団の歪みは、たまりやすい部分に出る」という原則がよく理解できました。

そのような私に転機が訪れたのは、1995（平成7）年に当時の文部省（現在の文部科学省）がスクールカウンセラー事業をスタートし、私にも学校現場に足を踏み入れる機会が与えられた時でした。派遣された中学校は、数か月前までいわゆる荒れた学校であり、私は教員たちから学校現場のエピソードをたくさん聴くことができました。その中で最も印象に残ったエピソードは、養護教諭の先生に学校が荒れる前に何か徴候、前兆のようなものがなかったかを尋ねた時の話でした。それは「今考えると、学校が荒れる前に普段は来ないような生徒が保健室に来るようになった」といった内容でした。当時の私は、その話を非常に興味深く聴き、きっと荒れる前に保健室を利用するようになった生徒たちこそ、集団の歪みを敏感に感じ取ったのではないかと考えました。以来、小中学校の現場を訪問する機会があるたびに、保健室の養護教諭の先生たちから、どのような生徒たちが保健室を利用している

くりばやし　みちと　　保健学研究科 総合リハビリテーション科学　教授
精神科医として、子どもの臨床に取り組む中で、子どもにとっての養育環境である家庭さらには学校の重要性に気づき、「子どもの個」と「養育環境としての学校」という視点で臨床研究を進めています。

かを確認するようになりました。そのうちにその学校の保健室の様子を知ることで、その学校全体の健康度をある程度把握できるようになったと思います。

2014（平成26）年に元岩手県知事であった増田寛也氏が『地方消滅』[1]（中公新書）という1冊の本を上梓しました。そこには「このままでは896の自治体が消滅しかねない」といった記載がありました。秋田県大曲市（現在の大仙市）で生まれ育った私にとっては、頭をハンマーで殴られたような驚きの事実でした。しかしながら、普段精神科医として地域の教育委員会や学校などでの仕事を通じて、近年の子どもたちの数の減少を肌で感じていましたので、すぐに納得できました。

わが国は、2008（平成20）年をピークに人口減少に転じ、本格的な人口減少社会に入っています。子どもの数が徐々に減少していく中にあって、なぜか児童思春期外来の患者数は減るどころか、むしろ増加傾向にあるといった印象です。それは、社会全体の歪みが弱い立場である子どもたちに及び、不登校をはじめとした様々な問題行動として顕在化しているように見えます。こうしてみると、今の社会の多様な問題の歪みが、それぞれの地域の中にある学校という場に表出、顕在化していると考えてもいいでしょう。

これから地方が生き残っていくためには、その地域の中にある学校が子どもたちにとって学びの場であるだけでなく、家庭の養育機能の低下を補う、養育＆療育の場である必要があるのではないでしょうか。地域の中心に文部科学省が掲げるコミュニティースクールである「学校」を据えることで、子どもたち一人ひとりを大切にする地域社会を築いていけるようになることが期待されます。私は、今、その学校の現場にワクワクドキドキしながら関わり、喜びと充実感を覚えています。弘前大学の学生の皆さんにも、ぜひ子どもたちに安全・安心を与え育む学校に関心を持ち、そして関わり、地域社会の活動につながっていただきたいと願っています。

参考文献

１）増田寛也編『地方消滅』中央公論新社、2014年。

おすすめの本

・上田惇生『NHK「100分 de 名著」ブックス ドラッカー マネジメント』NHK 出版、2012年。

Short Essay 3　現地へ足を運び、多様な学びの視点を見つけ出す

佐々木あすか

弘前大学文京町キャンパスから富田大通りを歩いて土淵川方面へ向かい、富田の清水を過ぎ、弘南鉄道大鰐線の線路の手前まで行けば、最勝院五重塔が見えてきます。弘前大学の周辺から、この五重塔を目にした方も多いのではないでしょうか。最勝院五重塔は、江戸時代の寛文7年（1667）の建立です。弘前では、江戸時代の建築や近代建築を日常的に目にすることができます。また禅林街や新寺町を歩けば、弘前藩によって整備された寺町の様子を地理的にも実感することができるでしょう。このように、弘前では身近な日常生活のなかに街の歴史が溶け込んでいるのです。

私は、日本美術史を専門にしており、なかでも仏像の研究をしています。美術史では、美術作品を通じて作品そのものや作者、歴史背景などを知ることができます。それでは、作品そのものを研究対象とする美術史の立場から見た場合、弘前の歴史をどのように体感することができるでしょうか。その例として、先ほど紹介した最勝院の仁王門に安置される2体の仁王像を取り上げたいと思います。最勝院仁王像は、2023年に解体修理を終えました。もともと古い仏像や絵画は、時間が経つにつれ劣化をするため、定期的に本格的な修理をしなければ、貴重な作品を現在にまで伝えることはできません。今回の最勝院仁王像の修理では、解体によって像の内側に墨書が確認され、承応2年（1653）に仏師運慶の流れをくむ七条大仏師流の右近が制作したことが判明し、青森県内に現存する最古の仁王像であることがわかりました。こうした修理の機会に、新しい事実が判明することもあります。

ささき　あすか　人文社会科学部 文化財論　助教
専門は日本美術史。鎌倉時代に活躍した仏師運慶の仏像を高校・大学生のときに実際に拝見したことが、研究をはじめるきっかけになりました。近年は青森県内をはじめとする東北地方の仏像についても研究をしています。

最勝院仁王像が無事に修理を終えた2023年4月から5月にかけて、仁王門へ遷座（せんざ）される前の仁王像が本堂で特別公開されました。仁王門内とは異なり、背面にまでまわって像を拝見できる貴重な機会でした。美術史の立場から仁王像をどのように見たかというと、2体の仁王像（阿形像（あぎょうぞう）と吽形像（うんぎょうぞう））の体勢、肉づき、着衣やその皺（しわ）（衣文線（えもんせん）といいます）といった表現の特徴や構造を観察し、両像の違いやそこから導き出される両像の造形の特徴などを考えました。一般的に仏像は1人で制作するのではなく、大仏師（だいぶっし）と呼ばれる棟梁のもと、弟子たちとともに共同で制作をします。実際の研究では、ほかの仁王像の作例を集めたり歴史的な制作背景を調べるなど、さまざまな検討が必要になりますが、実際に目の前にある仏像を拝見し、造形や構造・技法の特徴を分析することで、どのように仏師たちが仏像をつくり上げていったのか考察することができます。作品と向き合うことで、いにしえの作者と対話する術を探すことも、美術史のおもしろさの一つといえるでしょう。

現在、修理を終えた最勝院仁王像は無事に仁王門に遷座され、境内の入口で私たちを見守っています。最勝院仁王像を例に美術史の見方を述べましたが、仁王像をきっかけに、さらにほかの学びの視点も得ることができるのではないかと考えます。例えば最勝院そのものの歴史や、修理の例からは、文化財を次の世代へ伝えていく文化財保存についても学ぶことができます。また仁王門の前にある兎の石彫（せきちょう）からは、自らの干支を祀（まつ）る寺社を参詣する一代様（いちだいさま）の信仰について、民俗学や思想史の分野から学びを深めることもできるでしょう。こうして一つの学びを深めることも、多様な視点を関連づけて学びを広げることもできるのではないでしょうか。一つのことに限定されない多様な学びの視点は、実際に足を運ぶことによって発見できることも多いと思います。春夏秋冬で異なる街の風景を味わいながら、日常の身近なことからも多様な学びの視点をぜひ見つけ出していってください。

おすすめの本

- 山下裕二・髙岸輝監修『日本美術史 美術出版ライブラリー 歴史編』美術出版社、2014年。
- 水野敬三郎『ミズノ先生の仏像のみかた』講談社、2019年。

Short Essay 4　太宰治記念小公園

塚本　悦雄

弘前には明治、大正期に建てられた洋風建築物、いわゆる洋館が数多く残っています。その一つが弘前大学正門の北側に位置する旧制弘前高等学校外国人教師館（国登録有形文化財）で、現在は弘大カフェとして学内はもちろん、市民や観光客にも親しまれています。

この洋館の敷地内に太宰治記念小公園があります。2019年、弘前大学創立70周年記念事業の一環として整備されました。この事業の主な計画は、公道から小公園へのアプローチをバリアフリーにするためスロープを設けること、植栽を充実させること、そして太宰治文学碑をリニューアルすることでした。もともとこの小公園には、2009年の弘前大学創立60周記念事業の一環として太宰治文学碑が建てられていましたが、70周年記念事業の小公園の整備に伴い文学碑もリニューアルすることになったのです。

リニューアルされた太宰治文学碑は、元からある文学碑、旧制弘前高校入

リニューアルされた「太宰治文学碑」（口絵13）

つかもと　えつお　　教育学部 美術教育　教授
1962年　熊本県生まれ。2011年に着任、現在に至る。専門は彫刻。県内外の美術館やギャラリーで作品を発表している。

学に際して提出された写真（弘前大学附属図書館蔵）と紹介文が刻まれた碑(もともとあったものは写真と文字が消えかかっていたためステンレス製から石材に作り替えられた)、そして新しく作られたレリーフが組み込まれた文学碑で構成されています。立っている3つの碑は、いずれも黒御影石で作られているので統一感があります。

3つの碑の配置は、現場において、本学施設環境部によって制作された実物大の模型を用い、バリアフリーを考慮したベストの状態を探るシミュレーションを繰り返した上で決定されました。新しくつくられた碑には、太宰文学の本質を絶妙に表している「やさしくて、かなしくて、をかしくて、他に何が要るのでせう。」という碑文が添えられています。選文は本学教育学部の山田史生先生によるものです。この碑文が文学碑をいたずらに仰々しくない品格のあるものにしています。

新しい碑のレリーフは筆者が制作しました。モチーフは津島修治（太宰治）です。本学構内に設置するのであれば、旧制弘前高校に在籍当時の太宰治（津島修治）をつくるべきだと考えてのことでした。制作にあたり金木の斜陽館や、太宰の彫刻モニュメントが置いてある芦野公園、小説「津軽」のラストシーンの舞台となる小泊の『小説「津軽」の像記念館』など、太宰ゆかりの地を取材しました。そして、現在「太宰治まなびの家」として公開されている旧藤田家住宅を訪れた際、そこに展示されている写真の中に、津島修治をイメージできる恰好の素材が見つかりました。

その写真は藤田家の長男、本太郎氏（当時中学生）が撮影したものでした。「太宰治まなびの家」には太宰が旧制弘前高校に在学中に下宿していた藤田家住宅で本太郎氏によって撮られた写真が数多く展示されています。それらの写真の中に、椅子に座って澄ました感じでポーズをとっていたり、おどけてみたり、大笑いしているところを連続して撮影した3枚の写真があります。レリーフの元となった写真は、それら3枚の内の1枚です。

太宰は年下の本太郎氏を可愛がっていたようです。3枚の写真を見ると、撮影時の楽しげな空気が伝わってきます。サービス精神旺盛で、照れ隠しに格好をつけたり、お茶目だったり、これらの写真には太宰の人間性がよく現れているように思います。

レリーフの背景には、太宰の最後の作品「桜桃」にちなんで桜桃の花をあしらってみました。また津島修治（太宰）の左手を手前にせり出し、触りたくなるような形にしてみました。小公園を訪れる人々が、文字通り太宰と触れ合えるような仕組みです。レリーフはブロンズなので触っていると磨かれて地金の色が光り出てくることも期待しているところです。ぜひみなさんも太宰に触れてみてください。

おすすめの本

・木下直之『股間若衆：男の裸は芸術か』新潮社、2012年。

第 5 章

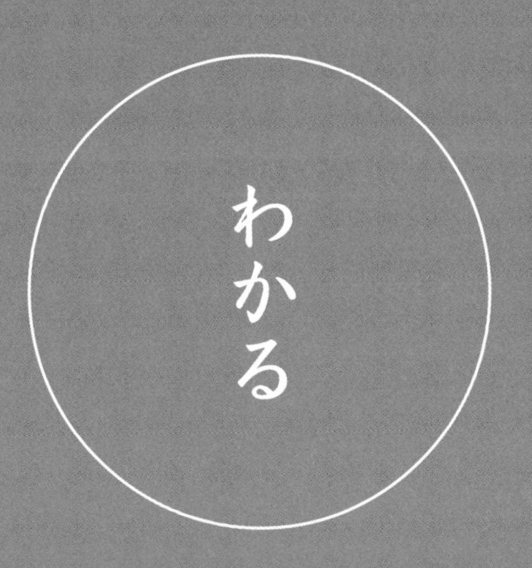

Comprehend

Lecture 1　ナノの世界
―光を使って小さな物質で起こる現象を調べる―

島田　透

金は金色？

金は何色でしょうか。そう、金色です。京都にある鹿苑寺（ろくおんじ）の金閣やエジプトでみつかったツタンカーメンのマスクなどで見られるように、金は黄みがかった光沢色をしています。何をあたりまえのことをと思われたかもしれません。それでは、金の塊を小さくしたらどうでしょうか。金は金色のままなのでしょうか。大きさや形状によって違いはありますが、金がナノメートルのサイズになると、その色は赤色に変化します。ナノメートルというのは、1メートルの10億分の1の長さのことです。

これまで金色だと思っていた金が、小さくなると赤色に見えることは信じがたいことかもしれません。しかし、みなさんはナノサイズの金の赤色を、普段の生活でも目にしたことがあると思います。これまで気がつかなかっただけで、身近なものの中に赤色の金は含まれています。それは、教会などで目にするステンドグラスや、ガラスの表面に装飾を施した江戸切子（きりこ）や薩摩切子といったガラス製品の中です。これらのガラス製品の赤い色の多くは、ナノサイズの金の色に由来しています。ちなみに、銀や銅をナノメートルサイズにすると、それぞれ黄色や赤色に変化します。

ナノメートルサイズの金属の色変化を利用したガラスの着色は、古くは古代ローマ時代の職人によって行われていました。しかし、古代ローマの人々は、その発色の原理については知りませんでした。発色の原理がわかったの

しまだ　とおる　　教育学部 理科教育　准教授
専門は化学。とくに分光手法を用いた基礎研究や化学の普及活動を行っている。近年は大学院地域共創科学研究科において、光を使った非破壊分析に関する研究にも取り組んでいる。

は、1857年のマイケル・ファラデー（1791～1876）の研究によります。「ファラデーの法則」や「ファラデー定数」で知られる、あのマイケル・ファラデーです。

近年の研究によりますと、金属を小さくしていったときには、色が変化するだけでなく、ほかの性質も変化することがわかってきました。ここでは、金属を小さくしたときにみられる特異な現象の一つについて、私がこれまでに行った研究を紹介したいと思います。分子が吸収する赤外線の量が、金属のナノ構造の存在によって大きくなる現象です。この研究の詳細に入る前に、まずは分子による赤外線の吸収の説明から始めたいと思います。

分子による赤外線の吸収

分子はいくつかの原子が結びついてできています。水分子（H_2O）を一例に、その構造を図1（a）に示します。中央の大きい丸が酸素原子、その脇に2つある白い丸が水素原子を表しています。分子をこのように表すと、分子を構成する原子どうしは硬い棒のようなもので結びつき、その距離を一定に保っているかのように見えます。ところが、実際の分子に含まれる原子は、図1（b）に示すように、伸び縮みをするばねのようなもので他の原子と結びついています。このため、分子内の原子は、結合した原子との距離を絶えず変化させる振動運動をしています。

分子内の結合が1秒間に何回振動するか（振動数）は、原子を結び付けているばねの強さと、結びついている原子の質量によって決まります。硬いばね（強い結合）や軽い原子のときに振動数は大きく、柔らか

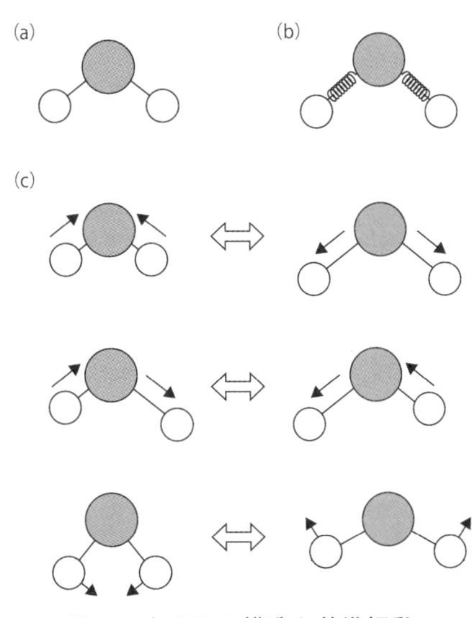

図1　水分子の構造と基準振動

いばね（弱い結合）や重い原子のときには振動数は小さくなります。実際の分子では、一つのばね（結合）が単独で振動することはなく、分子全体で振動します。このような分子全体の振動を基準振動といい、水分子の基準振動を図1（c）に示します。このような分子の基準振動を激しくするのに必要なエネルギーは、赤外線がもつエネルギーと同程度です。このため、赤外線を分子に照射すると、分子は赤外線を吸収し、振動を激しくするのにそのエネルギーを使います。

分子に関する情報を与える赤外分光法

赤外線は、プリズムなどを使って光を虹色に分けたとき、赤の外側にあらわれる目には見えない光です。光は電磁波と呼ばれる波の一種で、さまざまな振動数で電場と磁場が振動しています。分子に赤外線を照射したとき、すべての赤外線が分子に吸収されるのではありません。分子の基準振動と同じ振動数で振動する赤外線のみが吸収されます。分子がどのような基準振動をするかは、分子ごとに決まっています。したがって、どの振動数の赤外線がどれだけ分子に吸収されたのかを、分光器という装置を使って調べると、その分子が何であるかを決定（同定）することができます。また、吸収された赤外線の振動数や吸収された量を詳細に調べることで、原子間の結合の距離や強さ、結合間の角度などの分子構造に関する情報を得ることもできます。このように、赤外線を使って物質を構成する分子について調べる方法を、赤外分光法といいます。

赤外分光法の実例

赤外分光法の一例として、実験室において合成したある物質に、赤外線を照射したときの結果を紹介します。図2は赤外スペクトルといい、どの振動数の赤外線がどれだけ合成した物質に吸収されたかを表しています。横軸の波数は、1センチメートルに含まれる赤外線の波の数です。波数と振動数の間には光の速度倍のずれがあるだけで、波数も赤外線のエネルギーに比例した物理量になっています。縦軸は赤外光の透過率を表しており、分子に照射した光が、分子に吸収されずにすべて通過すれば透過率は100%、1割が吸収された場合には透過率は90%となります。

図2のようなグラフをみて、赤外線を照射した物質が何であるのかを判断できるようになるには、かなりの経験が必要でした。しかし、最近は、既知の化合物に対する赤外スペクトルを蓄積したライブラリーが構築されており、ライブラリー検索により、測定した化合物が何であるかを誰でも簡単に判断できるようなりました。図2のスペクトルのライブラリー検索を行ったところ、アセチルサリチル酸である可能性が最も高いことが示されました。ちなみに、アセチルサリチル酸はアスピリンともよばれ、解熱鎮痛剤として使われています。

赤外分光法は幅広い分野において、知りたい物質が何であるかを明らかにするために利用されています。例えば、工場において異物混入した際の混入物の特定、科学捜査における遺留品の鑑定や、発掘物や美術品に使われた材料の決定などです。

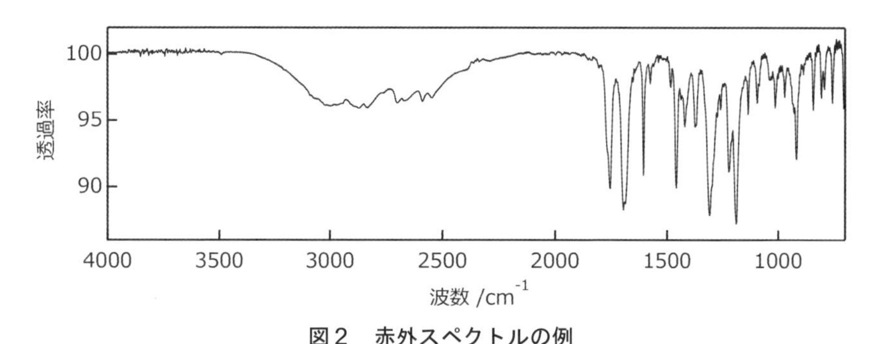

図2　赤外スペクトルの例

赤外線の吸収が金属のナノ構造によって大きくなる現象の研究

このような赤外分光測定を、金属のナノ構造表面やナノメートルサイズで荒れた表面に分子をのせて行うと、金属がないときと比べ赤外線の吸収が大きくなるという不思議な現象が生じます。この現象は、表面増強赤外吸収

(surface enhanced infrared absorption: SEIRA) とよばれ、1980年に初めて報告されました。わずかな量の分子の存在が、ナノメートルサイズの金属の存在によって高感度に検出できることから、微量分子の高感度検出を目指した研究が精力的に行われています。

しかし、金属によって赤外線の吸収がどのようにして大きくなるのかという最も根本的なことに関しては、いまだ明らかにはなっていません。その理由の一つとして、金属ナノ構造と赤外吸収の増強度の関係がはっきりしていないことが挙げられます。これまでのSEIRAに関する研究で使われていたナノ構造は、図3のような不揃いの島状のものでした。不揃いの島状の構造では、ナノ構造の大きさ、形、間隔のうちどれが増強の原因として重要なのかを特定することができません。

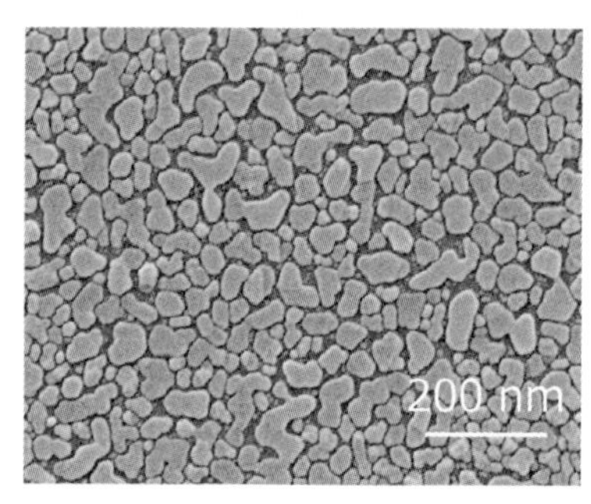

図３　金属の島状構造

そこで、金属ナノ構造と増強度との関係を明らかにすることを目指し、均一なナノ構造の作製と、作製した基板の増強度の決定を行うことで、ナノ構造と増強度との関係を明らかにする研究に取り組みました。

金のナノ四角柱の作製

金属ナノ構造として作製する形状には解析におけるモデル化が容易な四角柱を、作製に用いる金属には反応性の乏しい金を選びました。また、ナノ構造を作製する基板は、赤外線を透過させるケイ素の板としました。ナノメートルサイズの超微細加工は、通常の装置で行うことはできません。このため、東京大学にある電子ビーム描画装置を使って行いました。作製に取り組んだ金のナノ四角柱が周期的に並んだ構造の模式図を図4 (a) に示します。四角柱の大きさと四角柱どうしの間隔を変えたさまざまな組合せのものを作製しました。作製した金のナノ四角柱の配列構造のうちの一つを、電子顕微鏡を使って観察した結果を図4 (b) に示します。ナノ四角柱の大きさが350

ナノメートル、四角柱どうしの間隔が300ナノメートルのものです。

この電子ビーム描画装置を使うと、さまざまなナノ構造を作製することができます。ケイ素の板に金のナノ四角柱を配置することで作製した弘前大学の徽章（きしょう）とロゴマークを図4（c）、（d）に示します。徽章の横幅は0.20ミリメートル、ロゴマークの横幅は0.38ミリメートルとどちらも極めて小さなものです。弘前大学の徽章とロゴマークとしては、世界最小のものではないでしょうか。

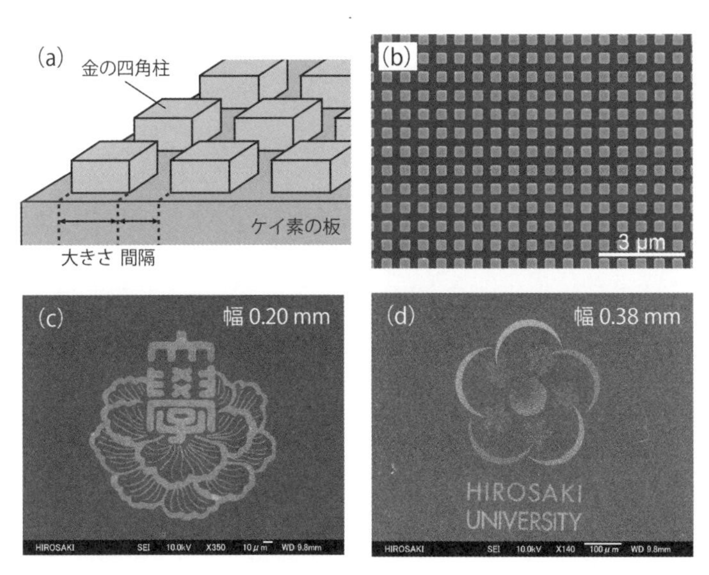

図4　（a）金のナノ四角柱の配列構造の模式図、（b）作製した金のナノ四角柱の走査電子顕微鏡像、（c）（d）金のナノ四角柱で作製した弘前大学の徽章（きしょう）とロゴマークの走査電子顕微鏡像（口絵14）

金のナノ四角柱における赤外吸収の増強

作製した金のナノ四角柱の配列構造に高分子の薄い膜を作製し、赤外分光測定を行いました。得られたスペクトルに対し、増強度の決定を行った結果、四角柱の大きさを一定にした場合には、四角柱の間隔が狭いときに増強度が高くなることが分かりました。また、四角柱の間隔を一定にした場合には、四角柱が大きいときに増強度が高くなることが分かりました。これらのことから、四角柱どうしの間隔をその大きさで割ったものを横軸にして、増強度を縦軸にとってグラフを作成したところ、増強度が一つの曲線に並ぶ美しい結果を得ることができました（図5）[1]。この結果を説明するモデルが存在しないかと、大学図書館が契約している Web of Science（国際誌に掲載された論文を検索し、それらの要旨を読むことができます）で検索したところ、Square Columnar（SC）モデルを見つけました。なんと、金属のナノ四角柱と増強度との関係が一つの曲線に並ぶことは、SC モデルにより理論的に予想されていたのです[2]。今回の研究では、均一な金のナノ構造の作製に取り組み、赤外分光測定を行うことで、金のナノ四角柱と増強度との関係を実証的に明らかにすることに成功しました。

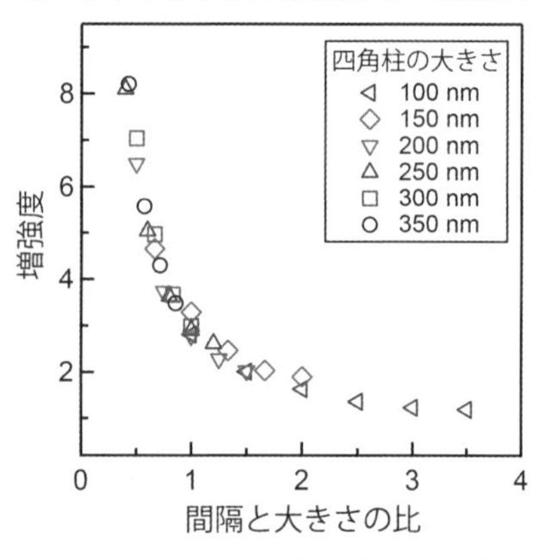

図5　金のナノ四角柱の間隔と大きさの比と増強度の関係

ちなみに、SC モデルを発表していたのは、弘前大学理工学研究科の鈴木裕史先生でした。身近なところに同じ分野の研究を進めている先生がいることを知り、とても驚きました。このご縁もあり、現在は共同研究を進めています。

SC モデルは金属に限らず適用できるモデルであるため、これまで金属のナノ構造表面や荒れた金属表面で起こると考えられてきた SEIRA が、非金属のナノ構造表面でも起こる可能性が出てきました。現在、非金属ナノ構造の周期構造の作製を行い、作製した基板における赤外吸収の増強度の決定に関する研究に取り組んでいます。金属のナノ構造と比べ増強度は低いものの、非金属のナノ構造においても赤外吸収の増強が起こることが見えてきたところです。まだまだ研究は続きます。

充実した大学生活に向けて

今回は、とても小さな金属の性質を、光を使って明らかにしていく研究について紹介しました。あたりまえだと感じていることや、あたりまえすぎて気づいていないことの中にも、研究対象となる不思議なことはたくさんあります。みなさんも、それぞれの専門分野の視点をもちながら世界を眺め、見つけた課題についてとことん探究することで、充実した大学生活を送ってください。

参考文献

1）Shimada T. et al. What is the key structural parameters for infrared absorption enhancement on nanostructures? J. Phys. Chem. C, 2016; 120: 534-541.
2）Suzuki Y. et al. The square columnar model in enhancement of an electromagnetic field. Appl. Phys. A: Matter. Sci. Process., 2003; 77: 613-617.

おすすめの本

・日本化学会編、上野貢生、三澤弘明『化学の要点シリーズ29 プラズモンの化学』共立出版、2019年。
・尾崎幸洋『分光学への招待：光が拓く新しい計測技術』産業図書、1997年。

Lecture 2　学問と旅と読書

若林　孝一

科学の芽

医学部医学科を卒業後、研究（基礎医学）の世界に飛び込んで40年近くが過ぎようとしています。今、思うことは二つです。「研究は楽しい」「研究を進める過程で自分は成長できた」と心から思います。研究というと何か特別の世界とか、とても狭く限られた領域と感じる人が多いかもしれません。そのような方には、1965年にノーベル物理学賞を受賞した朝永振一郎博士（1906～1979）の言葉を紹介したいと思います。朝永博士は湯川秀樹（1907～1981）、江崎玲於奈（1925～）両博士（ともにノーベル物理学賞を受賞）との座談会で、「子どもたちに向けた言葉を」との要請に応え、色紙に次のように記しました。「ふしぎだと思うこと　これが科学の芽です　よく観察してたしかめ　そして考えること　これが科学の茎です　そうして最後になぞがとける　これが科学の花です」。私は朝永博士が「そうして」と表現したところがとても好きです。つまり、「茎」から「花」に到る間には多少の時間がかかるのではないかと。別の言い方をすれば、「自分でよく考えること」が重要であり、それが「本当の知」なのだと私は思います。

このレクチャーでは、私が学び、考え、感じたことの中から、皆さんに伝えたいと思うことを選んで、お話ししたいと思います。

わかばやし　こういち　　弘前大学理事・副学長／医学研究科　教授
専門は脳の病理学です。神経難病や認知症の治療法開発を目指し、分子と形態の両面から研究を進めています。

学問には「文系も理系もない」

1．学問の系譜

日本では大学への進学を目指す高校生は、ある時期になると理系か文系のどちらかを選択することが常識になっています。しかし、理系と文系に二分する考え方は日本独自のものです。英語では、理系はsciences、文系はhumanitiesと表現されますが、そもそも理系人間とか文系人間という発想はありません。この伝統はおそらく紀元前のプラトンの時代にまでさかのぼるのだろうと思います。プラトン（前427〜前347）はアカデメイアという学園を創設し、哲学を学ぶための準備学問として、算術、幾何学、天文学、音楽などの数学的、理科的な学問を重んじました。アカデメイアは全ギリシャの各地から青年を集めて学問の中心地となり、その後900年にわたり存続します。この伝統は中世ヨーロッパで生まれた大学に引き継がれ、そこで教えたのがリベラルアーツ（liberal arts）でした。リベラルアーツは日本では一般教養と理解されていますが、もともとは専門教育に進む前の古典的教養を意味し、具体的には三学（文法学、修辞学、論理学）と四科（算術、幾何学、天文学、音楽）から成っていました。つまり、このリベラルアーツを身につけた者が、神学や法学、医学などの専門的スクールに行くか、一般社会に出てゆきました。

日本の大学では、戦前のドイツ型大学（専門教育中心）とアメリカ型大学（教養教育中心）との折衷（せっちゅう）が行われました。その結果、大学設置基準によって、一般教育の科目区分は、一般（自然、人文、社会）、外国語、保健体育となり、どの大学においても「自然」「人文」「社会」の36単位からなる教養教育が維持されました。しかし、1991年の大学審議会の答申によって、大学設置基準が大綱化され、一般教育の科目区分［一般（自然、人文、社会）、外国語、保健体育］がすべて廃止されました。このことが一般教養をできるだけ早く終わらせ、学生を細分化された専門領域の中へという日本の大学の流れに繋がっていったように感じます。

最近、「ビッグヒストリー」という発想が関心を集めています。これは、宇宙の創成から地球の形成、生命の誕生、人類の登場、そして現代文明まで

表１　宇宙の主なできごと

できごと	年代	1年に換算した年代
宇宙の始まり	138億年前	1年前
太陽系の形成	45億年前	3.9か月前
地球に最初の生命	38億年前	3.3か月前
哺乳類の出現	2.3億年前	6日前
恐竜の絶滅	6500万年前	1.7日前
ヒト属（ホモ・エレクトス）の登場	200万年前	1.3時間前
現生人類（ホモ・サピエンス）の登場	20万年前	7.6分前
最初の文明	5000年前	11秒前
人類の月面着陸	50年前	0.1秒前

宇宙の始まりから現在までの138億年を1年に換算すると、ホモ・サピエンスの登場は今から7分ちょっと前である。

の138億年を一つの物語として描き出すものです。もし、138億年を1年に換算すると、現生人類（ホモ・サピエンス）が登場するのは12月31日の23時52分を過ぎたころになります（表1)。宇宙という長い時間の中では、除夜の鐘がなるころになってようやく我々が登場するのです。

「ビッグヒストリー」を描くためには、天文学、物理学、地質学、生物学から考古学、人類学、歴史学、経済学まで多様な学問分野を結集する必要があります。ここまで広く学ぶことは無理だとしても、理系か文系かという二分法にとらわれず、皆さんには一般教養を学び続けてほしいと思っています。

２．自分が今の専門を選んだ理由

ときどき医学科の学生から「なぜ研究者になろうと思ったのですか」とか「研究をやっていておもしろいと感じることは何ですか」と聞かれたりします。感じ方、考え方は十人十色でしょうが、私の場合、実は「脳神経病理学」をやろうと思ったのではなく、好きになった先生が「脳神経病理学」を専門とする先生だったという言い方が正しいかもしれません。その先生の専門が心臓だったら今頃は心臓の研究をしていたかもしれません。私の師匠は生田房弘先生（1929～2021）といいます。

毎年、新潟大学脳研究所で神経学夏期セミナーが開かれます。医学部5年の夏、私はそれに参加しました。それまで、病理学とは手術や検査の目的で患者さんの組織を顕微鏡で見て診断を付けるだけの学問であると思っていた私にとって、ホルマリンに固定されているとはいえ、病気の脳を目で見、手で触れ、それを前に熱く語る研究者の存在は何とも新鮮で感動的でした。まさに「雷に打たれた」思いがしました。卒業したら脳神経病理をやろうと、心に誓いました。医学部の4年に進級するまで、仮進級と留年を繰り返していた自分が本気で勉強を始めたのもその頃からです。

その後、今の専門を選んで後悔したことは一度もありません。つらい日々がなかった訳では決してありませんが（艱難汝（かんなんなんじ）を玉にす！）、新しい所見を見つけた瞬間の喜びはいつまでも忘れられません。さらに、それが予期されない結果（unexpected nature）であった場合の喜びはなお格別です。実際、新しいことを見つけてすぐ論文を書こうと思うと一週間くらいは寝ても醒めてもそのことを考えています。寝言にも出るそうで、隣で寝ている妻は「また始まった」と思っているようです。論文を書くという作業は決して楽なものではありませんが、あれこれ考えることが楽しい。そして、論文が採択されれば苦労したことは忘れてしまうのです。

自分の書いた論文が世界中の図書館に置かれたり、その専門領域でバイブルとされる教科書に引用されたりすることは、サッカーに例えればゴールに似ています。ゴールした喜びはアシストした仲間やサポーターと分かち合うべきでしょう。一方、ゴールをはずした者にとって、その悔しさは次にゴールを狙う糧となるに違いありません。ただ、これだけは言っておきたい。グラウンドという舞台に立たなければ、ボールを蹴ったことにはならないし、自己表現もなく、ゴールという感動もないということを。

大学を卒業した者のうち、将来にわたり研究に専念できる者は少数かもしれません。しかし、人生のある時期、研究に没頭できることは社会人としての技量を伸ばすことにも通ずると思います。私自身は医学科を卒業後、すぐに基礎医学の大学院に飛び込み4年間みっちりと病理診断業務と研究に専念できました。それが今の自分の礎になっていることは間違いありません。

ゲーテ（1749～1832）は「感動は人間性の最上の部分である」と言っています。新しい所見を見つけ、科学的考察を加え、論文にまとめる作業は決して楽なものではありませんが、この作業は「感動を伴う自己表現」であると私は考えています。

3．「勉強」から「学問」、「研究」へ

福沢諭吉（1835～1901）は21歳のとき、オランダ語の手ほどきを受けるために中津から長崎へ行きます。22歳で大阪の緒方洪庵の門に入ります。さらにオランダ語を修得するため、25歳で江戸に行くのですが、横浜見物にでかけ、外国人に接しオランダ語が役に立たぬことを知ります。つまり、既に英語の時代がやってきていたのです。それでは、オランダ語を学んだ4年間はまったく無駄だったかというと、決してそうではなく、オランダ語を習得する過程で、建築学、解剖学、物理学、化学など種々のことを学んでいたのです。その後、福沢諭吉は慶應義塾を開設し、塾長になります。「何を学ぶか」よりも、「いかに学ぶか」が重要なのかもしれませんし、やはり「自ら学ぶこと」の大切さを教えられます。

勉強（勉め強いる）、学問（学び問う）、研究（研ぎ究める）と並べてみるとわかるように、大学生になっても勉強は必要ですが、その中から自分が本当に学びたいことを見出し、学問や研究へと昇華させてほしいと思っています。

学校（school）や学者（scholar）の語源である「スコレー（scholē）」という古代ギリシャ語は「ヒマ」を意味します。充分に時間をかけて知的好奇心を満たす。そのことが将来何の役に立つかは後の時代や人が決めてくれると思います。私の米国留学中の恩師であるロバート・テリー先生（Robert D. Terry、1924～2017）は「その人のペースでやらせること」を重視しました。周りからは「ほうっておく」ように見えたかもしれませんが、発想には効率というものが存在しません。プラトンは「学問」について、「生活を共にしながら、数多く話し合いを重ねてゆくうちに、突如として魂に火が生じ、以後は生じたそれ自身がそれ自体を養い育ててゆく」と述べています。研究とは自分自身を燃焼させることなのかもしれません。

旅の目的

30代のころ、米国のサンディエゴに1年間研究留学していましたので、米国内をそれなりに旅行して楽しみました。また、学会や共同研究で外国に出かけた際に、合間を見つけて、いろいろな場所を見て歩きました。私の印象では、米国はエンターテイメントと自然の国であり、ヨーロッパには文化と歴史を感じます。天安門事件の翌年の1990年に中国に初めて行った時には、車道には大量の自転車が走っていましたが、2007年に中国を再訪した時には北京の大通りは高級自動車で渋滞していました。旅の目的にはいろいろあると思うのですが、その一つとして「異質なものを感じる」ことがあると思います。ここでは旅に関連して私が感じたことを述べてみたいと思います。

1．世界の中の日本

皆さんは世界地図といえば真ん中に日本があり、西にアジアとヨーロッパ、東に南北アメリカのある地図を思い浮かべると思います。しかし、ヨーロッパを中心に考えた世界地図はそうではありません（図1）。第一次世界大

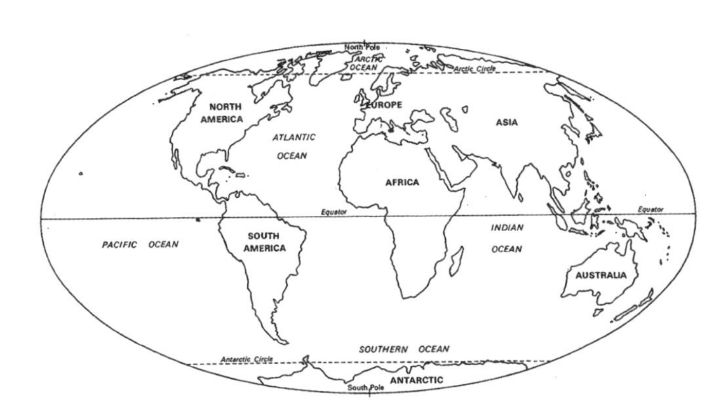

図1　ヨーロッパを中心とする世界地図

英国から見ると、日本は最も東に位置するので、極東（Far East）と呼ばれた。
（SURFERTODAY（https://www.surfertoday.com/environment/maps-of-the-world）から転載）

戦のころ、英国がオスマン帝国の支配地を「近東」と呼び、イラン・アフガニスタンを「中東」、東アジアを「極東」と呼びました。ヨーロッパの人達から見れば、日本は遠い異国なのでしょう。

私は富山県で生まれ、大学卒業まで25年をそこで過ごしました。大学卒業後は新潟で15年、40歳の時に弘前に来て24年が経過しました。したがって、私の中では米国留学の1年を除き、ずっと日本海の景色を見てきたという思いがあります。童謡の『海』を歌う時に思い浮かべる海は私にとっては日本海でした。その日本海も180度回転すると、様相が変わります（図2）。中国やロシアから見れば、日本海といえども少し大きな湖くらいにしか感じていないのかもしれません。

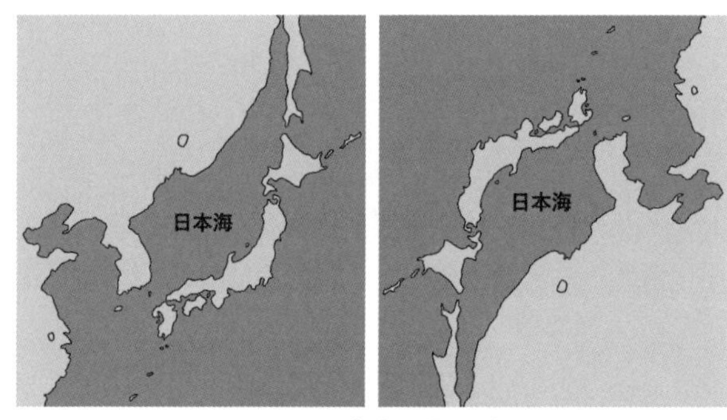

図２　日本海の見え方

左は我々が見慣れた日本地図だが、右のように180度回転すると、
日本海は日本列島と大陸に囲まれた大きな湖のように感じる。

それとは逆に、私はヨーロッパの地図を見て子どものころから黒海は淡水湖なのだと思っていました。黒海はウクライナの南、ルーマニアの東に位置しています。しかし、ルーマニアのコンスタンツァに行った時に初めて黒海を見ることができ、近くに行くと磯の香がして、水をなめてみると確かに塩辛く、黒海は海なのだと実感できました。実際、黒海はボスポラス海峡やダーダネルス海峡を通じて地中海に繋がっており、海上交通や戦略の点で極めて重要な地位を占めています。

2．20世紀は戦争の世紀

20世紀は科学技術が発達し、「科学の世紀」であったといえますが、一方で、「戦争の世紀」でもありました。第一次世界大戦（1914～1918）と第二次世界大戦（1939～1945）の間は20年くらいしかなく、その後も中東戦争（1948～1973）、朝鮮戦争（1950～1953）、ベトナム戦争（1954～1975）、イラン・イラク戦争（1980～1988）など数々の戦争や紛争が起こりました。特に第二次世界大戦では5,000万人以上が死亡し、日本は世界で唯一の被爆国となり、沖縄は戦場となりました。私の祖父は中国の奥地に出征していますし、父は小中学生の時代が戦争と重なり、食糧難や空襲の話を私が子どものころにしてくれました。私自身は戦争の経験はまったくありませんが、最近、広島平和記念資料館を訪れ、とても重たいものを感じました。その日は多くの外国人が資料館を訪れていました。あらためて原爆の悲惨さを目にしたのですが、日本の子どもたちにはぜひ一度、広島や長崎、沖縄を訪れてほしいと願っています。

ポーランドの首都ワルシャワは第二次世界大戦によって壊滅的な被害を受けましたが、戦後、街を以前の状態に復旧しました。その様子はレンガのひびまで以前の状態をまねたと言われるほどです。そのポーランドの郊外にアウシュヴィッツ強制収容所があります。ナチス政権下のドイツが建設した収容所であり、100万人以上が犠牲になったと言われています。第一強制収容所は赤レンガの建物が30ほど立ち並び、その入り口には「ARBEIT MACHT FREI（働けば自由になる）」と記されたアーチがあります（図3）。

図３　アウシュヴィッツ強制収容所の門（口絵15）

入口のアーチには「ARBEIT MACHT FREI（働けば自由になる）」と記されている。「B」の文字だけが逆さまになっている。

第二強制収容所は、さらに郊外にあり、広大な敷地に

300の施設が建てられていました（図4）。施設といっても私には馬小屋のようにしか見えませんでした。『アンネの日記』を書いたアンネ・フランク（1929～1945）はここにいたのだなと思いました。第一および第二強制収容所は1979年にユネスコの世界遺産に登録されています。人類が「負の遺産」として永久に保存してゆく場所なのです。

図４　アウシュヴィッツ第二強制収容所

広大な敷地に建てられた馬小屋のような建物。ここにアンネ・フランクがいた。

読書とは「人に会いに行くこと」

子どものころから好きで続けてきたこととして読書があります。このレクチャーのタイトルも最初は「読書と人生」にしようかなと思いました。しかし、哲学者の三木清（1897～1945）や物理学者の寺田寅彦（1878～1935）に同名の作品があることから、私には大きすぎるタイトルであると感じました。私自身はミステリーから歴史物、純文学、哲学書まで、硬軟を問わず読んでいますが、おすすめの本は特にありません。基本はその人が読みたいと思ったものを読めばよいと思っているからです。

１．人間は言葉を使う唯一の動物

脳は外界とコミュニケーションを取りうる唯一の臓器であり、人間は言葉を使う唯一の動物です。もし、言葉がなくても冷たい水を浴びれば、何らかの感覚が生じます。しかし、言葉がなければ、水が「透明」であり、「冷たい」という認識は生まれません。さらに、「清らか」とか「爽やか」ということもわからないのです。

人間の脳は言葉を含む多くの情報を処理し、判断をくだしています。しかしながら、現代社会では情報が多すぎるために、人間以外のものが情報を淘汰するようになっています。この状況が続けば、人間は情報を処理し判断することが少なくなり、脳は退化してゆくでしょう。「自分で考えること」がとても重要であり、そのことでしか感性は磨けないのです。

2．パスカルの言葉

パスカル（1623～1662）の『パンセ』にある以下の一節が好きです。

「人間は一本の葦でしかない、自然の中でもいちばん弱いものだ。だが、人間は考える葦である。これを押しつぶすには、全宇宙はなにも武装する必要はない。ひと吹きの蒸気、一滴の水でも、これを殺すに十分である。しかし、宇宙が人間を押しつぶしても、人間はなお、殺すものよりも尊いであろう。人間は、自分が死ぬこと、宇宙が自分よりもまさっていることを知っているからである。宇宙はそんなことを何も知らない。

だから、わたしたちの尊厳はすべて、思考のうちにある。まさにここから、わたしたちは立ち直らなければならないのであって、空間や時間からではない。わたしたちには、それらをみたすことはできないのだから。だから、正しく考えるようにつとめようではないか。ここに、道徳の原理がある。」

（『世界の思想家８　パスカル』田辺保編、平凡社、1976（昭和51）年212ページから引用）

人間も動物も植物も石も水も、つながっていて、それを自然と呼ぶのでしょう。だから、人間も自然のように考える。そのようにできると良いなと思います。

3．本当のことは見えない

子どものころに読んだ本を大人になってから読み返してみると思わぬ発見をすることがあります。『星の王子さま』[1)]（サン＝テグジュペリ）に、「いちばんたいせつなことは、目に見えない」という言葉が出てきます。そして、この言葉を読んだ時、二つのことを思い出しました。一つは、高校生のころに読んだ「山のあなた」（カアル・ブッセ）という以下の詩です。

山のあなたの空遠く
「幸（さいはひ）」住むと人のいふ。
噫（ああ）、われひとと尋（と）めゆきて、
涙さしぐみかへりきぬ。
山のあなたのなほ遠く
「幸（さいはひ）」住むと人のいふ。
（『上田敏全訳詩集』山内義雄・矢野峰人編、岩波文庫1962年、67ページから引用）

この詩は、山の向こうの遠くに「幸せ」が住んでいると人が言うので、尋ねて行ってみたが、「幸せ」には会えずに帰ってきたというものです。もう一つは、童話として有名な『青い鳥』[2]（メーテルリンク）です。チルチルとミチルの兄妹が思い出の国、夢の国、未来の国を訪ねても、青い鳥は見つからないのに、自宅に帰って鳥かごの中を見ると、そこに青い鳥がいたという話です。私の40年近い研究生活を振り返ってみても、大事なことが見えなかったり、近くにあるヒントに気付かなかったりといったことがありました。

2020年の春からコロナ禍となり、若い頃にやり残したことをやろうと思い立ちました。伊能忠敬（1745～1818）は17年をかけ日本全国を測量し、日本地図を完成させましたが、彼が蝦夷へ向けて出発したのは隠居後の55歳の時でした。そのことも私の背中を押しました。そして、私が20歳のころに買った世界文学全集88巻を実家から車で運んできました。この年になって『カラマーゾフの兄弟』[3]（ドストエフスキー）や『戦争と平和』[4]（トルストイ）を読んでみると、芸術や文学が何のためにあるのかを考えさせられます。そして、本を読むという行為は「（死んだ）人に会いに行くこと」なのだとも思います。

屋久杉が大きく太くなれる理由

鹿児島県の屋久島は花崗岩から成る島であり、世界自然遺産に登録されています。屋久島には九州最高峰の宮之浦岳（標高1,936メートル）があり、標高1,000メートル以上の地には樹齢1,000年を超える杉が自生しており、屋久杉と呼ばれています。私はこれまで、屋久杉が太く巨大に成長するのは、高温多雨な気候のもとで早く育つからと思っていたのです。しかし、答えは逆で、屋久杉は成長が遅いから大きく太くなれるのだと知りました。まさに「大器は晩成す」であったのです。今の世の中、結果や効率を求めがちですが、時間をかけてゆっくりと学ぶものがあっていいような気がします。皆さんにはそのような大学生活を味わってほしいと思います。

参考文献

1）サン＝テグジュペリ、河野万里子訳『星の王子さま』新潮文庫、2006年。
2）メーテルリンク、堀口大学訳『青い鳥』新潮文庫、1960年。
3）ドストエフスキー、江川卓訳『カラマーゾフの兄弟』集英社、1979年。
4）トルストイ、原久一郎、原卓也訳『戦争と平和』集英社、1978年。

おすすめの本

・立花隆『脳を鍛える』新潮社、2000年。
・福沢諭吉、富田正文校訂『新訂 福翁自伝』岩波文庫、1978年。
・小林秀雄、岡潔『人間の建設』新潮文庫、2010年。
・司馬遼太郎『竜馬がゆく（新装版）（全8巻）』文藝春秋、1998年。
・開高健『オーパ！』集英社文庫、1981年。
・ロバート・キャパ、川添浩史、井上靖一訳『ちょっとピンぼけ』文春文庫、1979年。

Lecture 3　どうして火山はできるか？
— マグマの発生機構について —

折橋　裕二

地震・火山大国日本

日本列島は地震・火山が多発する地域であることは皆さんご存知だと思います。2011年3月11日は日本人にとって忘れることのできない地震・津波災害が東北地方の広範囲で起こりました。これに比べると被害の規模は小さいかもしれませんが、2014年9月27日に岐阜県・長野県の御嶽山で起こった水蒸気噴火は丁度、行楽シーズン（紅葉が有名）であったことと、発生時間が正午近くで多くの登山者が山頂付近に集まっていたという不運が重なって、火山噴火の規模としては小さかったものの、戦後最大の火山災害となったことは記憶に新しいことと思います。

なぜ日本列島に地震・火山が多いのか？との質問に多くの皆さんは「日本列島はユーラシアプレート（あるいは北アメリカプレート）と太平洋プレートの収束境界にあり、太平洋プレートがユーラシアプレートに沈み込んでいるため地震・火山が起こる」と即答されるかもしれません。確かに地震発生のメカニズムとしては剛体であるプレート同士がぶつかり合うことでプレート境界域が破壊され、その破壊エネルギーが地震波として岩盤に伝搬する、すなわち、これが地震であるということは正解なのですが、ではなぜプレート収束境界で火山ができるのか？ということに関しては説明できていません。実は火山がなぜできるのか？という疑問を答えるには火山がマグマの吹き出し口であり、そのマグマは地球深部を構成するマントル（固体）が何ら

おりはし　ゆうじ　　理工学研究科 地球環境防災学科　教授
1967年生まれ、広島出身。火成岩に興味を持ち、これまで、中近東や東アフリカ、レッサーヒマラヤ、パタゴニアの調査・研究を行ってきた。2018年からは青森県の新生代火山岩類についても研究を行っている。

かの物理条件の変化で一部融解し、マグマ（液体）を生成したものであるということを理解しなくてはなりません。つまり、火山を知るには地下深部で起こるマグマの発生機構を把握することが鍵となるのです。

地球の深部構造と物質

地球深部で発生するマグマの発生機構を理解する上で、まずは地球の深部構造がどのような物質から構成されているか説明していきたいと思います。

地球は輪切りにするとゆで卵と同じような構造で、黄身が核、白身がマントルで殻（から）が地殻に対応し、核は鉄やニッケルなどの合金であり、地殻・マントルはケイ酸塩岩石からなる3層構造になっていることは多くの皆さんがご存知だと思います。現在、地球科学分野において地殻は上部地殻と下部地殻の2層、マントルは上部マントルとマントル遷移層、下部マントル、D”（ディーダブルプライム）層の4層、核は外核と内核の2層；計8層から構成されていると考えられています。マグマはケイ酸塩物質が部分融解して形成されるため、ここでは地殻とマントルを岩石・鉱物という観点からもう少し詳しく説明したいと思います。

地殻のうち上部地殻は大陸地殻と海洋地殻で異なり、前者は花崗岩から、後者は玄武岩から構成されています。下部地殻は大陸・海洋地殻ともハンレイ岩からなります。もちろん、地殻構成岩は極めて複雑であることは地上に住む私達も知るところですので、あくまでも、地震波速度（km/s）に基づく平均密度から推定される岩石と言えます。地殻で最も多い鉱物を挙げるとすると斜長石となるかと思います。地殻は大陸地殻で30 km、海洋地殻では7 km以深でモホ面と呼ばれる地震波不連続面を境に上部マントルになります（図1）[1)]。上部マントルはカンラン石と輝石からなるカンラン岩から構成されます。しかし、力学的性質に着目すると、上部マントルは地殻とともに剛体として振る舞うリソスフェアと粘土のように固体でありながら塑性流動するアセノスフェアに分けられ、後者は地球深部の熱を放出するため、ゆっくりと対流し、前者のリソスフェア（プレート）を水平移動させる原動力となっています。この水平運動に基づいて地質現象を理論的にまとめたものがプレー

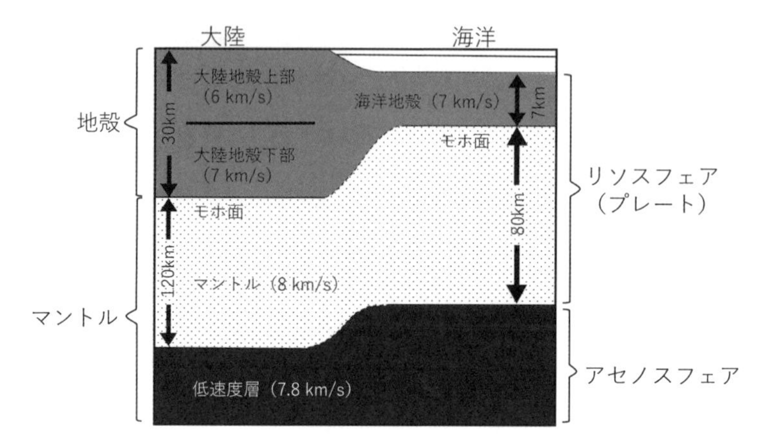

図1　地球表層の構成（酒井、2016）

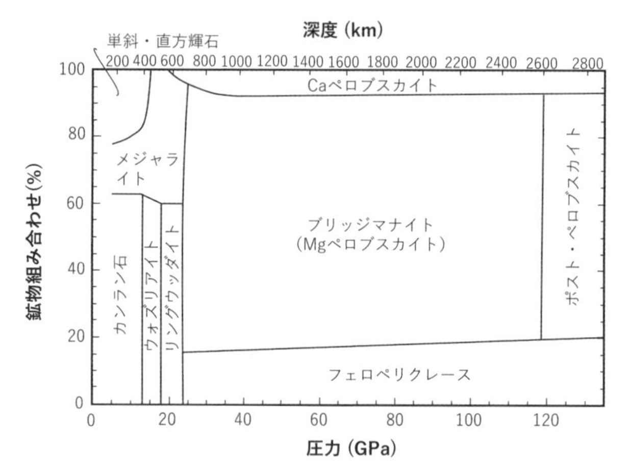

図2　パイロライト組成を持つマントル構成鉱物組み合わせの変化（廣瀬、2009）に加筆

トテストニクスです。

図2に地球深部を構成するマントルの鉱物組み合わせの変化を示します[2)]。410 km以深のマントル遷移層になるとカンラン石はウォズリアイトとリングウッダイトと呼ばれるスピネル構造を持つカンラン石族に相転移します。このうち、ウォズリアイトは最大3 wt% の水を結晶内に取り込むこと[3)] が知ら

れており、地球深部の水の貯蔵庫と考えられています。また、上部マントルで安定だった輝石は深くなるにつれ減少し、最終的にメジャーライトとカンラン石族に変化します。下部マントル境界である660 km不連続面以深では、マントル遷移層で安定だったすべての鉱物はペロブスカイト相（ペロブスカイト構造を持つラボ鉱物）とフェロペリクレース［(Mg, Fe)O］に分解され、下部マントルはMgペロブスカイト相が約80％、フェロペリクレースが約15％、Caペロブスカイト相が約5％の割合で存在すると推定されています。最近、Mgペロブスカイト相は隕石中に発見されたことから正式な鉱物として認定され、ブリッジマナイトと命名されました[4]。このブリッジマナイトは下部マントルの最下部付近と外核の境界であるグーデンベルク不連続面の間に存在するD”(ディーダブルプライム)層でポストペロブスカイト相に相転移することが知られています。

世界の第四紀火山分布

世界の第四紀火山の情報はスミソニアン博物館のGlobal Volcanism Program（GVP）においてまとめられています。全世界の第四紀火山分布はGVPのインターネットサイト［https://volcano.si.edu/ge/PlacemarkLinks.cfm］からkmlファイルをダウンロードし、Google Earthで開くと誰でも簡単に知ることができます。

陸域の第四紀火山分布に着目すると、火山は全世界に満遍に分布しているのではなく、一部の地域に集中していることが分かります。最も集中している地域は太平洋周縁をぐるりと覆う地域、すなわち、ニュージーランドからパプアニューギニアを経て、フィリピン諸島、日本列島、カムチャッカ半島、アリューシャン諸島、さらに北米大陸西岸、中米を経て南米大陸南端に至る全長約4万 kmにも達し、環太平洋火山地帯と呼ばれています。この火山地帯は太平洋プレートやナスカプレートなどの海洋プレートが大陸プレート下に沈み込むプレート収束境界であり、「沈み込み帯」と呼ばれ、火成活動だけでなく、地震も多発します。インドネシア諸島の火山帯もこれにあたります。その他の陸域の第四紀火山は北太平洋のハワイ諸島や南太平洋のポリネシア諸島、東太平洋のガラパゴス諸島、インド洋のレユニオン島、北大西洋のアイスランド島などの海洋島の他に東アフリカ地溝帯にランダムに点在します。これらは「ホットスポット」と呼ばれています。

実はもう1つ忘れてはならない大火山地帯があります。それは海底の大山脈である「中央海嶺」であり、海底面からの標高は約3千 m で総全長4万 km に達します。海嶺は枕状溶岩と呼ばれる玄武岩から構成されており、海嶺軸では常に枕状溶岩が噴出していることが産状から推定できますが、枕状溶岩が今まさに流出している様を私達が目にしたことはありません。しかし、海嶺軸は、これを境に海洋底が左右に広がっていることが地磁気の縞異常から明らかになっており、海洋プレートが形成される発散プレート境界です。この中央海嶺が地表に顔を出している地域がアイスランドやアファー地域（ジブチとエチオピア）であり、「中央海嶺」と「ホットスポット」のマグマ生成場が重なってできた火山地域です。

３つのマグマ生成場

前述したように、第四紀火山はプレートの収束境界である「沈み込み帯」と発散境界である「中央海嶺」、プレート境界とは関係なくランダムに分布する「ホットスポット」の3地域に集中しており、この3つが地球上でのマグマ生成場となります。

図3は横軸に地球深部の圧力、縦軸に温度を示した図です[1)]。図中の2つの点線は大陸・海洋地域の地温勾配を示します。地球の中心核は約6,000 K の熱エネルギーを持っているため、深くなればなるほど温度が上昇します。海洋地域のリソスフェアの厚さは大陸地域に比べ薄く（図1参照）、熱いアセノスフェアが浅部にあるため、地温勾配が高くなっています。深さ100 kmを超えると大陸・海洋地域の地下温度の上昇率は緩やかになります。これは、このあたりからアセノスフェアであるため、マントル対流により温度の均質化が起こっているからです。

実線 A は無水カンラン岩の固相線、太い実線 B は水に過飽和な状態のカンラン岩の固相線を示します。2つの点線のうち、より地温勾配の高い海洋地

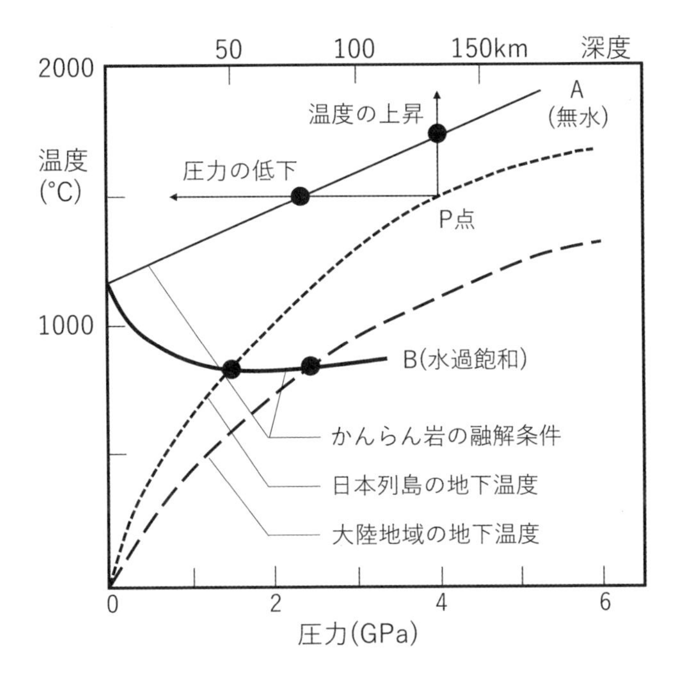

図３　マグマの発生と地下の温度・圧力の関係（酒井、2016）

域の地下温度線Ｐ点においても実線Ａを超えることがありません。このことは上部マントルを構成するカンラン岩が無水状態の場合、部分的に融解してマグマが発生することはないことを示しています。一方、上部マントルが水に過飽和な場合、カンラン岩の固相線は実線Ｂになります。これは水がケイ酸塩の Si-O 共有結合を切る働きをすることから融点降下が起こり、カンラン岩の固相線がより低温・低圧の方へシフトするためです。その際、大陸・海洋地域の地下温度の点線は実線Ｂ線を超えるので、カンラン岩の一部が融解しマグマが発生します。実はこれが「沈み込み帯」におけるマグマの発生機構なのです。

次に「中央海嶺」と「ホットスポット」のマグマ発生機構について考えていきたいと思います。前述したように「中央海嶺」は発散プレート境界であり、ここでは海洋リソスフェアが常に形成されています。海嶺軸のリソスフェアの厚さは30 km未満で、平均的な海洋リソスフェアに比べかなり薄くなっています。図3の海洋地殻の地下温度曲線上にあるＰ点から見ると、海嶺軸はＰ点の温度を持ったアセノスフェアがより浅部まで上昇する（圧力が低下する）ことから、実線Ａの無水カンラン岩のソリダスを超え、マグマが発生します。これを減圧融解と言います。一度、リソスフェアが薄くなるとアセノスフェアの減圧融解が半永久的に継続して起こるため、「中央海嶺」では常に海洋リソスフェアを形成し続けることになります。

次に「ホットスポット」についてはどうでしょうか。「ホットスポット」はプレートの水平運動に比べほとんど動いていないため、ホットスポットを起点にしてプレート運動の方向に長い海洋島列を形成することがあります。その典型がハワイ諸島です。Google Earthでハワイ諸島周辺を見ると、活火山を有するハワイ島（ホットスポットの起点）からハワイ諸島を経て天皇海山列へと繋がっています。これは「ホットスポット」が下部マントルの部分融解により生じた上昇流（マントルプルーム）が起源[5)]だからです。下部マントルは上部マントルに比べ粘性が極めて高く、マントルの対流速度も遅いため、プレートの水平運動と比べると不動点のように見えるのです。「ホットスポット」はより高温の下部マントル物質が断熱膨張しながらリソスフェア下まで上昇して来たマントルプルームの到達点であり、周囲の上部マントルの温度（大陸・海洋地域の地下温度曲線）に比べ200〜400℃高いと推定されています。したがって、図3の海洋地域の地下温度の曲線上のＰ点から見ると同じ圧力下でマントルの温度は上昇することになるので、実線Ａの無水カンラン岩のソリダスを超え、マグマが発生します。

このように、地球上で起こるマグマ生成場は「中央海嶺」と「ホットスポット」、「沈み込み帯」の3地域があり、それぞれ、マグマの発生機構は異なり、「中央海嶺」では減圧による融解、「ホットスポット」では熱異常による融解、「沈み込み帯」では加水による融点降下による融解によりカンラン岩が一部融解し、マグマが生じているのです。

第四のマグマ生成場はあるか？

第四のマグマ生成場と言っても新しいマグマ生成場が突如としてできたということではありません。前述したように、これまで3つのマグマ生成場で形成されたと考えられていた火山岩類の中に、実は、新たなマグマ発生機構で形成された可能性が高いものがある、ということです。それは海溝から400〜700 km内陸側で、沈み込んだスラブの深度が400 km以深にある地域に分布する新生代火山岩類であり、その最も典型的な火山地域が南米大陸のアルゼンチン・パタゴニア地方です（図4)。「沈み込み帯」では沈み込んだスラブから放出された流体（主に水）により加水したカンラン岩（マントルウェッジ）は200 km以浅までにすべての水を放出してしまうため、「沈み込み帯」で起こる火成活動は海溝から300 km未満の火山フロントから背弧(はいこ)火山地帯内で起こります（図4の青△、口絵16参照）。アルゼンチン・パタゴニア地方に見られる新生代火山岩類の一部は背弧火山地帯よりもさらに背後側、すなわち、「超背弧」地域に分布して

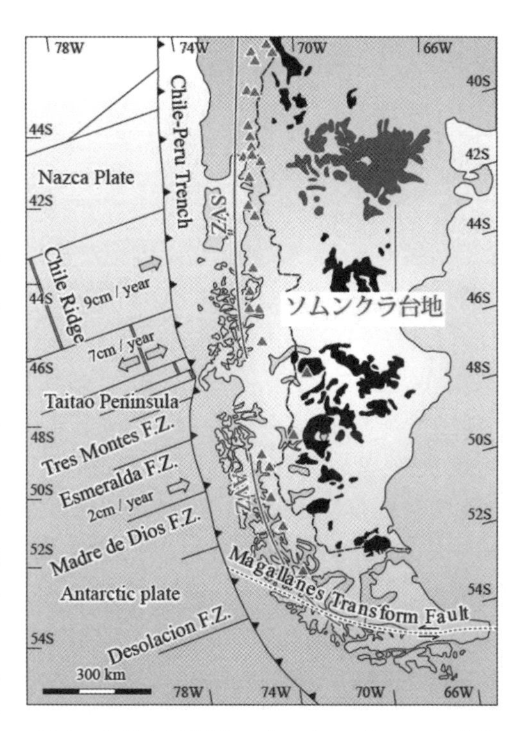

図4　南米大陸南部、パタゴニア地方における新生代火山岩類の分布図（口絵16）
大陸西縁ではチリ-ペルー海溝が発達し、ナスカプレート (Nazca Plate) とチリ海嶺を挟んで南極プレート (Antarctic Plate) が沈み込んでいる。△は「沈み込み帯」のマグマ発生機構により生じた第四紀火山を示す。黒色は「超背弧」のマグマ発生機構により生じた新生代火山岩類の分布を示す。SVZ：Southern Volcanic Zone、AVZ：Austral Volcanic Zone（折橋ほか、2005）

います。その中でも最大級の火山地域がソムンクラ台地です。分布面積は4万㎢以上にも及ぶことから、先行研究では「沈み込み帯」に関連したマグマ発生機構ではなく、「ホットスポット」に伴う洪水玄武岩台地と考えられていました。しかし、私達の研究グループ（日本・アルゼンチン・チリ・ブラジルの研究者からなる）が長年、ソムンクラ台地をシラミ潰しに踏査した結果、これは洪水玄武岩台地ではなく、“テーブル”玄武岩台地[6)]；台地の頂上から約50 mは玄武岩層からなりますが、その下の数百 mの台地の大部分は堆積岩からなることが明らかになりました[7)]。このような産状は、1）堆積岩からなる広大な平地に割れ目噴火が起こり、玄武岩溶岩が薄く低地を埋めます、2）その後の隆起運動により玄武岩溶岩が覆ってない堆積岩の部分はどんどん侵食され、溶岩が覆った部分はキャップロックとなってほとんど侵食されず残ります、3）かつて低地だったところが最終的に台地頂上部になる、ことから生じたと考えられます。

ここで重要なことはソムンクラ台地の玄武岩の噴出量です。「ホットスポット」で生じた洪水玄武岩台地の噴出量は約百万年間に数百万㎦にも及びます。一方、ソムンクラ台地を構成する玄武岩の総量は約2千㎦であり、3千万年から2千万年前に噴出したことが明らかになっています。百万年間の噴出量を換算すると約2百㎦となり、この噴出量は洪水玄武岩に比べ対数スケールで小さいことが判ります。このように「超背弧」の火山岩類のマグマ発生機構は「沈み込み帯」とも「ホットスポット」とも異なります。また、大陸地域にあり、リソスフェアが薄くなっている証拠もないことから、「中央海嶺」とも異なるため、新たなマグマ発生機構を考えなければならないのです。

私達が着目した点はソムンクラ台地の玄武岩の火成活動のタイミングです。丁度、この3千万年前は南米大陸西縁に沈み込んでいたファラロン・ナスカプレート（ファラロンプレートはすでに沈み込んでしまい、現在、地表には存在しません）の沈み込み方向が北北東から現在の東に急激に変化した時期にあたるのです（図4）。この時、南米大陸に沈み込んでいたファラロン・ナスカプレートは大きく湾曲し、当時の沈み込み帯を東西断面で見ると、プレートの沈み込み角度が急激に浅くなったところと深くなったところ

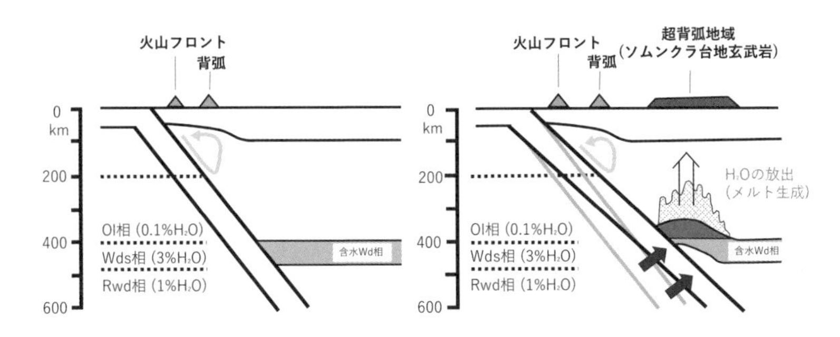

図５　アルゼンチン・パタゴニア地方、ソムンクラ台地を構成する玄武岩類のマグマ成因として考えられる含水ウォズリアイト相の脱水・融解モデルの概略図
（折橋ほか、2005）

ができ、ソムンクラ台地は沈み込み角度が急激に浅くなったところで形成されたと考えられます（図5）[7]。そこで「超背弧」のマグマ発生機構に重要な役割を果たすのがマントル遷移層を構成するウォズリアイトです。前述したように、ウォズリアイトは結晶内に最大3 wt% の水を貯蔵[3]できますが、仮にマントル遷移層に水が貯蔵されていても、正常にファラロン・ナスカプレートが沈み込んでいれば、何も起こりません（図5左）。しかし、3千万年前の急激なプレートの方向転換が起こり、（図5右）のようにプレートの沈み込み角度が急激に浅くなると、マントル遷移層は上方に湾曲します。410 kmよりも以浅に移動したマントル遷移層の含水ウォズリアイトはカンラン石に相転移しますが、カンラン石は結晶内に水を保持することができません。そのため、含水ウォズリアイトの時にあった水は居場所を無くし、含水珪酸塩マグマとなって上昇し、最終的に「超背弧」地域で玄武岩溶岩を噴出することになるのです。このように「超背弧」のマグマ発生機構は含水ウォズリアイトの脱水作用によりマントル遷移層の一部が融解することで起こる[7]と考えられます。この発生機構については数値シミュレーションでも検証され、沈み込むプレート速度が比較的遅く、沈み込み角度の変化量が大きければ十分に起こりうる[8]とされています。

実は、日本列島にも「超背弧」と考えられる新生代火山岩類が分布しています。それは西南日本弧の中国地方にあり、阿武火山群（山口県）や大根島

(島根県)、神鍋山火山群（兵庫県)、玄武洞（兵庫県）など単成火山を主体とした火山群がこれにあたります。西南日本弧ではフィリピン海プレートが南海トラフで沈み込んでいることから、一見、「沈み込み帯」のマグマ発生機構であると思われるかもしれませんが、フィリピン海プレートの沈み込み角度は低角で、しかも前述した火山群が形成された時代にはまだプレートの先端が到達していない、すなわち、プレートがない状態でした[9)]。一方、太平洋プレートはこれら火成活動が起こる以前にすでに410 km 以深に存在しており、まさに「超背弧」のマグマ発生機構の条件に合致するのです。

明治に入って日本でも地質学の研究が盛んになり、「basalt」という岩石名を「玄武岩」と命名しました。これは前述した兵庫県富岡市の国の天然記念物・玄武洞が由来になっています。つまり、日本を代表する玄武岩は「沈み込み帯」のマグマ発生機構により生成された玄武岩ではなく、第四のマグマ生成場である「超背弧」の玄武岩であるかもしれないのです。

参考文献

1）酒井治孝『地球学入門』東海大学出版部、2016年。
2）廣瀬敬「高圧実験とマントルの相転移」、『地震 第2輯』61巻 Supplement 号、日本地震学会、2009年、273-283頁。
3）Kawamoto T et al. Experimental evidence for a hydrous transition zone in the early Earth's mantle. Earth Planet. Sci. Lett. 1996; 142: 587-592.
4）Tschauner O et al. Discovery of bridgmanite, the most abundant mineral in Earth, in a shocked meteorite. Science. 2014; 346: 1100-1102.
5）鳥海光弘、玉木賢策、谷本俊郎、本多了、高橋栄一、巽好幸、本蔵義守『地球内部 ダイナミクス（地球惑星科学 10)』岩波書店、1997年。
6）Motoki A et al. Monogenic volcanoes of Patagonian bac-arc province, southern Argentina. J. Geol. Soc. Japan. 2003; 109: XIII-XIV.
7）折橋裕二、元木昭寿、Miguel Haller、CHRISTIMASST 研究プロジェクト・火山班「超背弧地域に産する比較的大規模な玄武岩類の成因ーパタゴニア北部、ソムンクラ台地を例にー」、『月刊地球』、27巻6号、海洋出版、2005年、438-447頁。
8）Honda H et al. Mantle wedge deformation by subducting and rotating slab and its possible implication. Earth Planets Space. 2006; 58: 1087-1092.
9）Kimura J et al. Reinitiation of subduction and magmatic responses in SW Japan during

Neogene time. GSA Bulletin, 2005; 117: 969-986.

おすすめの本

・酒井治孝『地球学入門』東海大学出版部、2016年。

Lecture 4　ウイルス粒子はどのようにして形成されるか？

森田　英嗣

ウイルスは細胞から細胞へと伝播する「遺伝子の断片」

新型コロナウイルスのようなウイルスと呼ばれる病原体は、生物と非生物の狭間にいる存在といえます。ウイルスは短い遺伝子の断片から成り、生命活動に必須な細胞の機能を持ち合わせていません。したがって、バクテリアや真菌とは大きく異なり、培地のみの純粋培養では増殖できず、宿主となる細胞に感染しなければ増殖することができません。そのため、ウイルスは生物には分類されず、「生物のように増殖する物体」として捉えられています。

ウイルスが単なる短い「遺伝子の断片」ということであれば、これにどのような存在意義があるのでしょうか。ウイルス感染という現象は、「遺伝子の断片」が細胞から細胞へ、あるいは個体（ヒトなど）から個体へと水平伝播していることを意味しています。つまり、生殖活動とは別のレベルにて、生命体同士で遺伝物質のやり取りが行われていることを示しています。

ウイルスは細胞内に侵入したあと、宿主細胞のシステムを利用して自身の遺伝子を複製させます。複製したウイルスの遺伝子は、その後、感染性粒子を形成します。この過程はウイルス集合（アセンブリ）といい、別の細胞、あるいは別の個体に伝播するために必須なプロセスといえます。ウイルスはこのプロセスを進化の過程で獲得することで、細胞から別の細胞に移動することができるようになりました。このウイルス粒子アセンブリという現象は、「なぜ遺伝物質は細胞外に放出され伝播するのか？」という生物学的な

もりた　えいじ　　農学生命科学部 分子生命科学科　教授
1973年静岡県生まれ。2014年に弘前大学着任。専門はウイルス学・細胞生物学。ウイルス増殖機構について細胞生物学的視点で解析を進めています。また、ワクチン開発などの応用研究にも携わっています。

疑問に対する答えを追求するうえで興味深い研究対象といえます。

このレクチャーでは、ウイルス粒子がどのように形成されるのか、その分子機構について解説します。また、このシステムを利用した新しい生命科学の技術について紹介します。

エンベロープウイルスの出芽

細胞外に存在するウイルスの遺伝子は「キャプシド」と呼ばれるウイルス由来の蛋白質と複合体を形成しています。また、新型コロナウイルスやインフルエンザウイルス、Human Immunodeficiency Virus（HIV：ヒト免疫不全ウイルス）などの多くのウイルスの場合、キャプシドはその外側を「エンベロープ」とよばれる細胞膜のリン脂質二重膜由来の外被膜によって囲まれています（図1）。エンベロープ膜は、様々な環境からウイルス遺伝子を保護するとともに、感染する際に、膜融合を介して効率よく標的細胞に遺伝子を注入するために重要な役割を担っています。

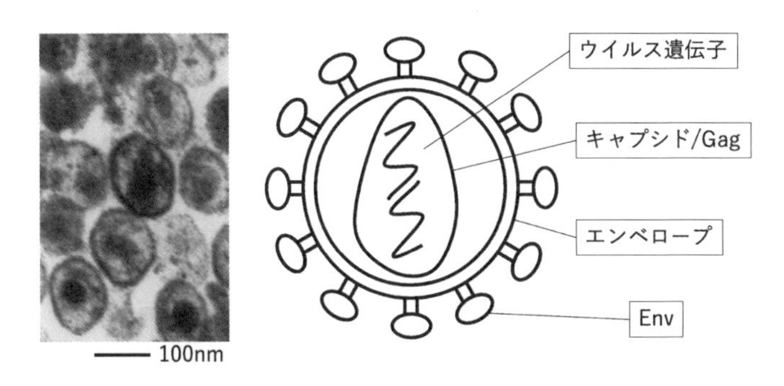

図1　ヒト免疫不全ウイルス粒子の構造
HIV 粒子の電子顕微鏡像（左）と模式図（右）

実際に、実験室で行われる培養細胞を用いたウイルス感染系では、一つのウイルス粒子が標的細胞に感染すると、すぐに遺伝子の複製が始まり、数時間後には新たな娘ウイルスが細胞外に放出され始めます。その後、感染細胞はしばらくのあいだウイルス粒子を放出し続け、その数は細胞あたりおよそ数千から数万個にも達することがあります。電子顕微鏡で感染細胞を観察すると、ウイルスキャプシドが細胞膜のちょうど内側で球形にアセンブリし、その後、膜を内側から外側に向けて通過することでエンベロープを獲得している像が確認できます（図2)。この様子は、生体膜から芽が出るように見えるため「出芽」と呼ばれています。この生体膜に損傷を与えることなく、すみやかに細胞外に放出させる出芽という現象には、数多くの宿主側の因子が関与していることが明らかになっています。

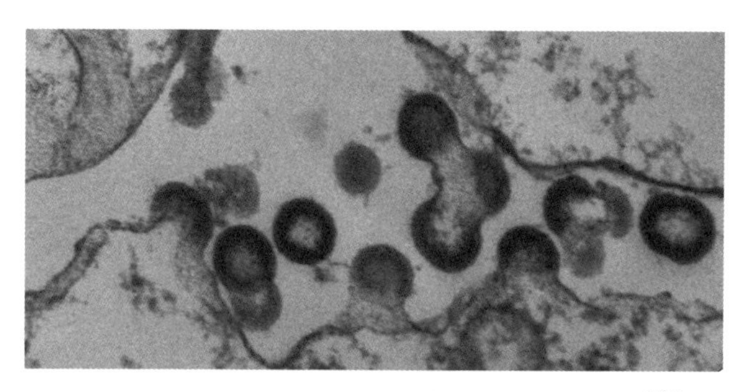

図２　レイトドメインに変異を持ったHIV粒子
GagのPTAP配列に変異を導入すると、ウイルス粒子の放出は出芽の途中で停止する。

出芽に必要な「レイトドメイン」とESCRT因子群

HIVの場合、ウイルス遺伝子にコードされているGagと呼ばれる蛋白質にキャプシドとしての役割があります。Gag蛋白質を人為的に単独で細胞内に発現させると、実際にウイルスが感染した時にみられるのと似たようなウイルス粒子様構造が確認され、その粒子はエンベロープを被り細胞外に出芽・放出されます。1991年、Heinrich Gottlingerらは、gag遺伝子に人為的に変異を導入することにより、出芽に必要な4つのアミノ酸からなる配列（PTAP（プロリンProline-トレオニンThreonine-アラニンAlanine-プロリンProline）配列）がGag蛋白質上にあることを見つけました（図3)。PTAP配列を人為的に欠損させた変異型Gagは、細胞内でコアとなる多量体を形成するものの、集まったGagは細胞から出芽できずに膜にトラップされてしまいます。現在、このPTAP配列は、レイトドメイン（late domain）と呼ばれ、HIVの出芽に重要な配列であることがわかっています。レイトドメインの発見から約10年後、この配列に結合する細胞の蛋白質「TSG101」が発見されました（図3）[1]。

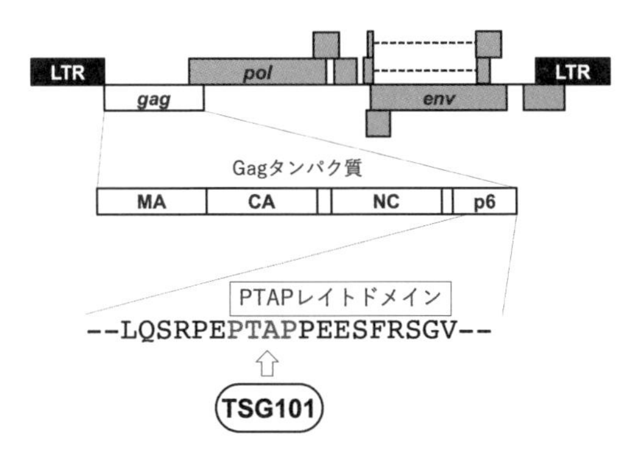

図3　HIVの遺伝子構造とレイトドメインとレイトドメイン結合因子
Gagタンパク質はMA（マトリックス）、CA（キャプシド）、NC（ヌクレオキャプシド）、p6の領域からなる。出芽に必要なレイトドメイン配列はp6領域にみつかっている。

TSG101は、Gagのレイトドメイン結合因子として発見される以前に、細胞内小器官であるmultivesicular bodies（MVB：多胞体）の形成に必要な因子であることが知られていました。MVBとは、エンドソーム膜が内腔側に陥入し形成された多数の内腔小胞を含む細胞内小器官（オルガネラ）のことをいいます。この内腔小胞はやがてMVBがリソソームと融合することで分解される運命にあります。MVBの内腔小胞の形成には、ESCRT（Endosomal Sorting Complex Required for Transport）因子群と呼ばれるおよそ30種類からなるタンパク質群が必要であり、TSG101はそのうちの一つであることがわかっていました。ウイルスの出芽にはレイトドメインを介したGagとESCRT因子との結合が必須であるということは、すなわち、ウイルスは細胞側のMVBでの内腔小胞形成過程を利用することでエンベロープを獲得していることを示しています（図4）。MVB 小胞形成もウイルスの出芽も、細胞の内側から外側へと向って膜が湾曲し出芽するプロセスであるため、同じシステムによって制御されていても不思議ではありません。

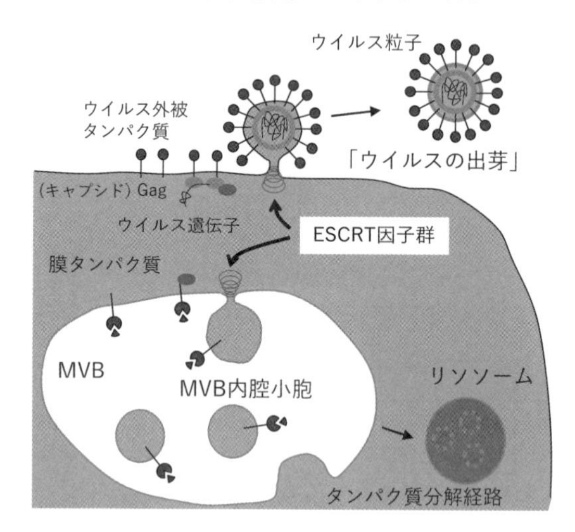

図4　MVB の内腔小胞形成とウイルス粒子の出芽
ウイルスは ESCRT 因子群が関与する MVB の内腔小胞の形成機構を乗っ取り、細胞外に出芽する。

現在、ESCRT 因子群がどのように膜を細胞から外側に向かって曲げ、粒子を形成しながら膜を切り離し、遊離させているのか、その詳細な分子メカニズムが明らかになりつつあります。そのモデルの一つは、ESCRT 因子群の一部である ESCRT-Ⅲという分子群がフィラメントを形成し、くびれを中心に螺旋に集まり、その螺旋を収縮させることで膜を変形させ切り離すというものです。現在、多くの研究者によってこのモデルを裏付ける証拠が示されています。

ESCRT 因子群は多くのウイルスにて出芽に利用されている

HIV の出芽に ESCRT 経路が必要であることが示された後、これは HIV だけでなく、他のエンベロープウイルスに共通したメカニズムであることが明らかになりました。PTAP などのレイトドメインは、レトロウイルスだけでなく、エボラウイルス、狂犬病ウイルスなど多くのエンベロープウイルスに保存されており、レイトドメインに変異導入したり、ESCRT 経路そのものを欠損させると、他のウイルスにおいても出芽が阻害されることが示されています。このように、ESCRT 経路は、効率よくウイルス遺伝子／キャプシド複合体を細胞外へと放出するための手段として、多くのウイルスによって利用されていることがわかってきました。この ESCRT 経路を標的にする薬剤は、種々のウイルス感染症に共通に効果を示す薬剤になることが期待され、現在、その開発が進められています。

ESCRT 因子群はウイルス粒子形成以外のさまざまな現象に関与している

ESCRT 因子群による膜の切り離しは、MVB 形成やウイルス粒子出芽以外にも、他の様々な生物学的プロセスに関与することがわかっています。例えば、細胞質分裂などが挙げられます。真核細胞の細胞分裂では、染色体を分配する有糸分裂が生じたあと、アクチン／ミオシンからなる収縮環による分裂溝形成を介し細胞質が分断される「細胞質分裂(cytokinesis)」が起こります。細胞質分裂の最終段階では、分裂する娘細胞同士を繋ぐ「ミッドボディー(midbody)」と呼ばれる微小管の束から成る架橋構造が形成されます。最終的に、ミッドボディーの中心部の生体膜が二つに切り離されて、細胞分裂が完了します（図5)。興味深いことに、この過程にも ESCRT 因子群が関与していることが明らかになっています。ミッドボディーに存在する CEP55というタンパク質にも TSG101が直接結合し、ウイルスの Gag 蛋白

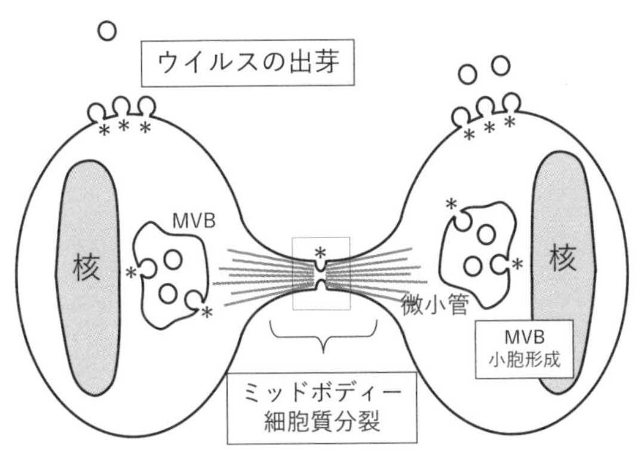

図 5　ESCRT 因子群は細胞質分裂にも関与する
ESCRT 経路が作用する場所をアスタリスクで示す。ウイルス出芽は細胞質分裂と同じ機構によって制御されている。

質のようにESCRT因子群をミッドボディーに呼び込むことで、膜が切り離されることがわかりました[2)]。つまり、ウイルス粒子出芽時のウイルス膜と細胞膜の切り離しは、細胞分裂時の娘細胞同士の切り離しと同じ分子によって担われていたのです。今ではこの他に、核膜の再構成、損傷膜の修復にもESCRT経路が関与していることが示され、細胞質にて膜を内側から閉じる際に共通に関与する因子群であることがわかっています。

実は、ESCRT因子群をコードしている遺伝子群は、真核生物のみならず、スルフォロブス属という原始的な好熱古細菌の一種にも保存されています。そして、スルフォロブス属も真核生物と同様にESCRT因子群を利用して細胞質分裂を行っていることがわかりました。スルフォロブス属には、アクチン／ミオシンのような細胞骨格に相当する因子が見つかっていません。この事実は、スルフォロブス属はアクチン／ミオシンからなる収縮環は使用せずにESCRT経路のみで細胞質分裂を行っていることを示唆しています。これは、ESCRT経路は、アクチン／ミオシンのような細胞骨格の遺伝子群よりも古くからある古典的な因子群であることを意味しています。また、スルフォロブス属には、MVB／エンドソームなどの細胞小器官も存在していません。これらの事実から、ESCRT因子群の起源はもともと細胞質分裂にあったのだろうと推測できます。真核生物は進化する過程で、ESCRT因子群をエンドソームにて利用するようになり、また、エンベロープウイルスは、そのシステムを利用して細胞外へ出るようになったと考えられます。

ウイルス粒子形成を模倣したドラッグデリバリーシステムの開発

エンベロープウイルスがどのように細胞から出芽して細胞外に放出されるのか、その分子機構について解析が進められてきました。現在では、この明らかになったシステムを利用して人工的に生体膜で包まれたカプセルのような被膜粒子を作る試みがなされています。

これまでに述べたように、ウイルス粒子の出芽は、１）キャプシドのような担体が膜の内側に集合すること、そして２）レイトドメインを介してESCRT因子群を呼び込むこと、の2点によって担われていることがわかっています。逆に、この二つの条件を満たせば、どのような分子でも細胞外に出芽させせることが可能だということになります。ウイルスのキャプシド蛋白質のように自己集合するものは、ウイルス蛋白質以外にもいくつか見つかっています。また、現在では、蛋白質の構造シミュレーションにより人工的に自己集合蛋白質複合体を形成させる技術も開発されています。これらの自己集合因子に、膜の内側に固定させるための脂質結合配列と、ESCRT 因子群を呼び寄せるために必要なレイトドメインを人工的に付加すると、ウイルスのように出芽して細胞外に放出されることがわかりました（図6）。原理的には、この人工細胞外小胞に様々な物質を詰め込むことができ、人工の被膜ナノカプセルを作り出すことが可能になります。薬やワクチン抗原など適切な場所に適切な量を送り届けるためのドラッグデリバリーシステムは、次世代の創薬に重要な技術です。ウイルスの出芽システムを利用した人工被膜カプセルは、新しいドラッグデリバリーシステムになると期待されています。

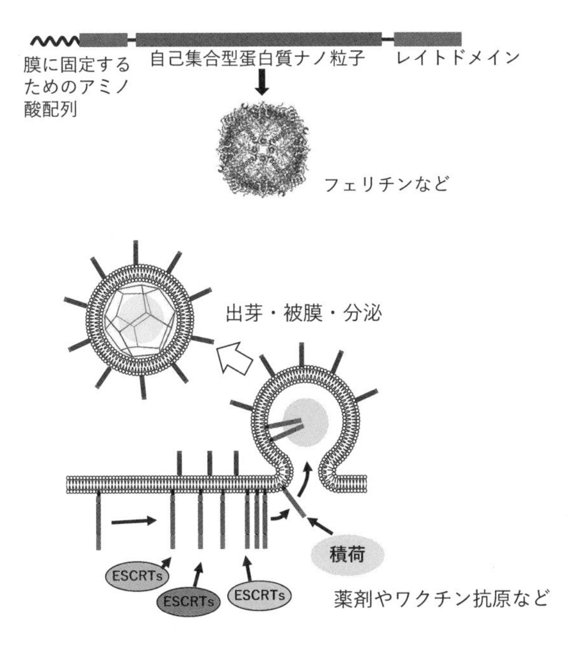

図６　ウイルス出芽を利用した人工被膜タンパク質ナノ粒子（口絵17）
人工被膜粒子の一次構造（上）と人工被膜粒子出芽・放出の原理（下）

次のパンデミックに備えて

新型コロナウイルスパンデミックのように、強い病原性を示すウイルスが世界中に蔓延すると、社会に大きな混乱が生じることがわかりました。私たちは、次のパンデミックに備え、抗ウイルス薬の開発につながるようなウイルス増殖の分子機構解明のための基礎研究を続けなければなりません。ウイルス粒子形成過程は、抗ウイルス薬開発のための重要な標的の一つといえます。一方、ウイルスには遺伝子を別の細胞に送達させるカプセルとしての役割があります。ウイルスを単なる脅威とみなすのではなく、生命科学分野における基礎研究の対象として、また、応用科学分野における可能性を秘めた有用マテリアルになる存在として、改めて見つめ直してみてはいかがでしょうか。

参考文献

１）Garrus JE et al. Tsg101 and the vacuolar protein sorting pathway are essential for HIV-1 budding. Cell. 2001; 107: 55-65.
２）Morita E et al. Human ESCRT and ALIX proteins interact with proteins of the midbody and function in cytokinesis. EMBO J. 2007; 26: 4215-27.

おすすめの本

・Harper DR、下遠野邦忠、瀬谷司監訳『生命科学のためのウイルス学 感染と宿主応答のしくみ、医療への応用』南江堂、2015年。

Short Essay 1　弘前と対馬の歴史的なつながり

古川　祐貴

弘前に越してきて、最初に訪れたのは長勝寺（ちょうしょうじ）でした。禅林街（ぜんりんがい）の入り口で仏花を買い、あるお墓の前で手を合わせました。「弘前での生活がうまくいきますように。」――長崎で生まれ、親戚も知人も弘前にいない私。前職は日本と韓国との間に位置する離島・対馬（つしま）で、歴史系博物館の学芸員をしていました。かと言って、仕事関係者のお墓があるわけでもありません。私はいったい誰のお墓の前で手を合わせたのでしょうか。

お墓の主は柳川調興（やながわしげおき）という人物。名前を聞いてピンとくる方は恐らくいらっしゃらないでしょう。教科書に一切出てこないからです。歴史に詳しい方なら長勝寺が弘前藩のお殿様が眠る場所であるということくらいは分かるかもしれません。でもなぜお殿様のお墓に津軽姓でない人が……といった次なる疑問が湧いてきます。ちなみに柳川調興は弘前藩士でもありません。れっきとした対馬藩士です。みなさんの頭の中に「？」が増えていく様子が目に見えて浮かんできますね。順を追って説明しましょう。

柳川調興は対馬藩内で起きた御家騒動の結果、罪人として弘前に流されてきました。御家騒動とは主君と争うこと。調興はお殿様であった宗義成（そうよしなり）と対決したのです。原因は調興が義成に取って代わろうとしたことだとも言われています。調興は若くして徳川家康に仕え、藩の生命線であった朝鮮貿易を取り仕切ってきましたから、義成に次ぐナンバー2の地位を築いていたのです。かたや義成は普通のお殿様。調興にはこれが面白くなかったのでしょう。御家騒動によって一発逆転を狙ったのです。

ふるかわ　ゆうき　　人文社会科学部 国際社会　助教
専門は日本近世史。長崎県対馬市にある県立博物館で学芸員として勤務していました。文献史学研究がメインですが、最近はモノから歴史的な事象を考えることにも興味をもって取り組んでいます。現在、青森県五戸町の古文書調査プロジェクトが進行中です。

江戸時代の初めはこうした御家騒動が全国的に頻発していました。仲裁を行ったのは幕府の老中。主従制に基づく判断を下していました。つまりお殿様が勝つことが多かったのです。今回も義成優位に審議が進んでいきます。追い詰められた調興はこれまで藩がひた隠しにしてきた国書偽造の事実を暴露するのです。自身も関わっていましたが、義成が関与した部分だけを切り取るかたちで。これを聞いた幕府は騒然となります。朝鮮に送った国書が偽造されていたとなれば、国際問題に発展する可能性があったからです。

この時点で御家騒動は幕府老中の手に負えるものではなくなってしまっていました。将軍自らが言い分を聞き、直接裁決を下す異例の事態へと発展していくのです。結果、義成は無罪、調興は弘前への流罪が命じられます。両者を除く関係者は死罪となっていますから、過酷な裁判であったことに変わりはありません。こうして調興は弘前に赴くこととなったのです。33歳、春のことでした。

罪人として来弘した調興でしたが、その生活は意外なものでした。弘前藩から十分な扶持（ふち）が与えられ、屋敷も弘前城内にありました。また外出も自由で、藩士との交流も活発であったと言われています。当時の藩主であった津軽信政（のぶまさ）が頻繁に調興の屋敷を訪れていたことが記録されていますから、相当に気に入られていたのでしょう。調興の赦免を幕府に願ったのも弘前藩でした。しかし、対馬藩の猛烈な反発に遭い、調興は赦（ゆる）されることなく82歳で弘前の地にて没してしまいます。信政の意向もあってお墓は長勝寺に決まりました。

調興が弘前藩で優遇された理由はいま一つ分かっていません。ただ一つ言えることは、弘前藩には“受け入れる素地”があったということです。罪人だからと言って邪険には扱いません。きちんと本質を見極めていたということでしょう。調興もきっと藩の対応に助けられたはずです。――翻（ひるがえ）って現代。罪人としてではありませんが、私も対馬から弘前にやって来ました。お墓参りした理由はもうお分かりですね。弘前と対馬。一千キロを隔てた両地は意外なところでつながっていたのでした。

長勝寺にある対馬藩士・柳川調興のお墓

おすすめの本

・田代和生『書き替えられた国書―徳川・朝鮮外交の舞台裏―』中央公論社、1983年。

Short Essay 2　世界の放射線教育が弘前大学にある

門前　　暁

大学生活では、新しい仲間との出会いがたくさんあり、また新しい環境で授業がスタートしていきます。興味を持って好きになったことは、きっと時間を気にせず取り組めるでしょう。大学では、知識を身につける専門科目のほか、「研究活動」にも触れることができます。「研究活動」というものが何なのか、未経験の方はよく理解できないものです。

私が初めて研究活動に触れたのは、学部卒業研究で出会った「放射線防護・生物学」です。指導教員との出会いにより、当時私が知らなかった世界観に引き込まれていきました。この分野は一言で表現できないくらい、実に深いものです。研究はこれまで明らかにされたことを基に新しい発見を目指し、論理的に仮説を立てて実験検証しますが、全てうまくいくことばかりではありません。そもそも仮説を立てるためには、既知の情報を収集しなければなりません。時間も必要です。学部の卒業研究では、その初歩を学び、その後、時間をかけて十分に研究テーマの理解を深めるのが、大学院の存在です。そして研究活動を進めるうちに出会いが増え、学外との共同研究も増え、更には英語を頻繁に使用するようになりました。

海外学術交流では、主に英語によるコミュニケーションをおこないます。私の共同研究の主体は欧州にありますが、そのほとんどの国が母国語を別に持ちながら英語を使用してコミュニケーションをおこないます。私が専門とする「放射線防護学」と「放射線生物学」でも、英語を使用することで、日本語だけに比べ、数百倍の情報収集が可能となりました。

もんぜん　さとる　　保健学研究科 放射線技術科学　准教授
本学の卒業生です。大学院修了後、ご縁があり本学の教員となり放射線教育のかたわら、分子生物学の視点から放射線防護・治療学の研究に日夜取り組んでおります。放射線が人類に認知されてからわずか130年ほど、まだまだ分からないことが多いと感じます。

総じて日本人は英語が下手ですが、それを恥ずかしがる必要はありません。研究仲間同士はそれだけで心が通じ、伝えたい気持ちがあれば、なんとかなるものです。一つ言えることは、どの分野の研究活動でも、新しい環境へ飛び込み、新しい出会いを探し、そして国際的な視点に立つことが、自分が気づいていなかった学問の本当の楽しさを気づかせるということです。

弘前大学には、世界に繋がる入口（研究室）がたくさんあります。大学を最高に楽しむために、是非新しい環境を探してみましょう。

図１　スウェーデンにあるカロリンスカ研究所でのミーティング
日本とスウェーデンや欧州地域の保健医療の違いについて活発な討論をしている本学の大学院生。

図1は、スウェーデンにあるカロリンスカ大学医療系学部において、保健医療職について日本との比較を議論している様子です。学部4年生と大学院生が緊張しながらもプレゼンと質疑を行っています。このような経験は後の自信に繋がります。

図2、図3はスウェーデンのストックホルム大学放射線防護研究センターにおける放射線生物実験の計画を立案している様子です。昼休憩は晴れた屋外で郷土料理のミートボールを食べました。保健学研究科（医学部保健学科）は、ストックホルム大学放射線防護研究センターと学術協力協定を締結しており、学生の短期留学を頻繁に実施しています。

図２　ストックホルム大学の放射線生物実験室

放射線防護研究センター長の Wojcik 教授は、本学保健学研究科と学術交流協定を締結している中、これまで10年以上にわたり、大学院生の短期留学交流を本学から受け入れている。

図３　共同研究チームによる青空ランチ（口絵18）

ときには息抜きが必要。ある晴れた日の自然豊かなスウェーデン屋外で、郷土料理のミートボールランチと最近の出来事に盛り上がる大学院生。英会話の自信は何気ない交流からつくようです。

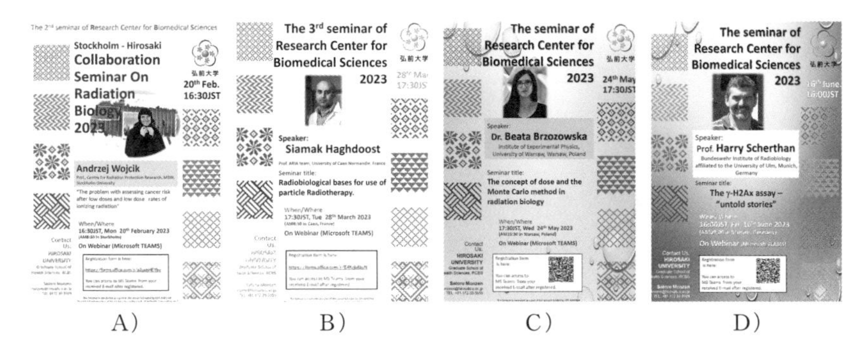

A）　B）　C）　D）

図4　2023（令和5）年に開催された弘前大学との放射線生物学術交流セミナー

A)Wojcik 教授（スウェーデン Stockholm 大学）、B)Haghdoost 教授（フランス Caen 大学）、C)Brzozowska 主任研究員（ポーランド Warsaw 大学）、D)Scherthan 教授（ドイツ Ulm 大学）

コロナ禍では、保健学研究科で、たくさんのオンラインセミナーが開催されました。図4 A）から D）は、セミナーのポスターです。放射線防護・生物学研究に触れる本学の学生には、フランス・スウェーデン・ポーランド・ドイツなどの先生や同世代の学生と、交流を深める機会がたくさんあります。

皆さん、私たちと一緒に、海外の先生方と研究について語り合いませんか。

おすすめの本

・エーヴ・キュリー、河野万里子訳『キュリー夫人伝』白水社、2014年。

Short Essay 3　興味を見つけることの大切さ

久保田　健

大学に入学した頃にぼんやりと想いを巡らせれば、将来のビジョンはありませんでした。周りの同級生や先輩には、学校の先生や公務員、システムエンジニア、大学院進学と、次のステップとしての明瞭な目標を持った人たちが多かったと思いますが、自身は焦ることもなく、「そのうちどうにかなるでしょ～」といった具合です（自分の将来なのにまるで他人事）。そうしますと講義の受講計画には一貫した方針がなく、友人やサークルの先輩から「簡単だよ」と教えられたものを主軸として、シラバスやガイダンスにて「面白そう」と感じた講義を「おまけ程度」に選択しました。不思議なことに、簡単だとされた講義は確かに簡単でしたがそれほど良い成績とは限らず、面白そうと思って受けた講義の内、実際に面白かった講義（すごく難解なものもあったのですが）は良い成績評価をいただいた記憶があります。

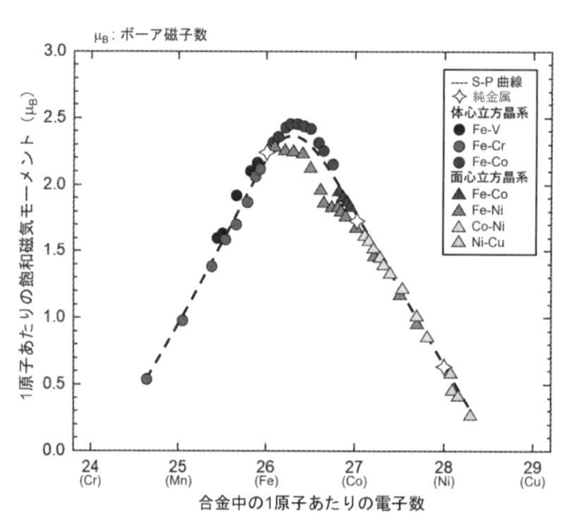

典型的3d 遷移金属からなる2元合金の結果でプロットしたスレーター・ポーリング曲線（口絵19）

今思い返すと興味・関心があったか否かで講義に対する姿勢、言い換えれば講義を聞く集中力と理解しようと内容について考える努

くぼた　たけし　　地域戦略研究所 新エネルギー研究部門　准教授
弘前市出身。2005 年に東北大学で博士（工学）を取得。2011 年に弘前大学着任後、計算機シミュレーションと実験を通じて流体エネルギー（風力、小水力）に関する基礎研究とシステム実用に取り組んでいます。

力が全然違ったのだと思います。ちなみに、理学部物理学科に在籍していた当時の私にそれらしい方針ができたのは3年生の後期で、数ある専門科目（選択必修）から「面白そう」という理由で選んだ講義にて一瞬だけ紹介された1つの図「スレーター・ポーリング曲線（S-P Curve）」に出会ったことに起因します。この図は、鉄（Fe）やニッケル（Ni）、銅（Cu）といった3d遷移金属を2種類混合した合金において測定された飽和磁気モーメントの大きさをプロットしています。

合金は様々な元素の組み合わせと混合比率からなりますが、その値は御覧の通りほぼ一つの曲線上に乗ります。磁性材料は磁石やセンサとして使える機能性があって、現在の私たちの生活には不可欠な材料です。ところが磁性の物理学自体は相当に難しく、未だに未解明な事象が多く存在します。この「謎が多い」という部分に惹かれて講義を選択した結果、「なぜ平均電子数だけで理解されてしまうのか（単純な簡易なルールで実現象が表現できるのか）」に取りつかれ、磁気物性の研究室に配属を希望しました。その後に歩んだ修士課程や博士課程では、磁場で動かせる形状記憶合金や1秒間に100万度級の冷却速度で製造する鉄系アモルファス合金の研究に携わりました。もちろん、興味（なぜそうなるの？）が原動力です。

現在は弘前大学地域戦略研究所の風力・海洋エネルギー研究室に居ます。ここでは、地域の抱える生活や仕事上の課題を抽出して、風力エネルギーシステムや関連技術でこれを解決すること等をミッションとしていますが、これがとても大変です。それまで素材開発に従事してきた感覚でいえば、測定値に実験誤差が付きまとうのは当たり前ですが、件のシステムは性能を保証しなくてはいけません。付け加えれば、「○○な材料が必要ですね。あればいいですね」という漠然とした必要性ではなく、「話をしたことで人を覚え、困っている顔が頭をよぎる」ので、使命感が格段に違います。ところが教科書通りにシステムを構築してもなかなか成功しません。このこと自体はストレスですが、まだ「見つけられていない謎」でもあって、解決に向けての興味が尽きません。例えば商用の大型風力発電機のプロペラ風車をただ単純に小さくしたような風車は、どれだけ精工に形状を再現しても同じようには回りません。大型旅客機のミニチュア模型も同様です。不思議ですよね。

何かに興味をもって、それを深く探求することはおもしろいです。私は教室で見つけました。皆さんはもう見つけられましたか？　まだの人には早く、何かとの出会いが訪れますように。

※図中に示すデータは、話の意図を正確にお伝えするためにインバー効果やフェリ磁性を発現する合金種を除いて単純化しています。

おすすめの本

・堀場雅夫『イヤならやめろ！』新潮社、2000年。

おわりに

弘前大学出版会編集長　柏　木　明　子

本書は、2020年に弘前大学創立70周年を記念して発行された『弘前大学レクチャーコレクション　学びの世界へようこそ』の続編として、5つのキーワード（create, connect, change, cure, comprehend）はそのままに、「学びの扉をひらく」という副題をつけ、弘前大学出版会設立20周年を記念して刊行したものです。「学びの世界へようこそ」は、高校生を中心とした読者に大学での学びを紹介するというコンセプトで発刊されました。本書は、学問の世界の入り口に立った読者を想定し、これから始まる多様な学びをワクワクしながら覗いてみよう！という願いを込めて「学びの扉をひらく」という副題をつけました。

我々大学教員は、次世代を担う可能性に満ちた学生達にどのように、何を伝えるべきなのか、を考え続けています。1つの方法は、「我々の生きざま」を講義を通して伝えることでしょう。本書が、読む「講義」のスタイルをとっているのはそういった思いからです。

本書を執筆したすべての著者である大学教員は、少しでも真理に近づきたい、その周辺だけでも触れてみたい、皆の生活が良くなるための技術を開発したい、生態系に優しい世界を作りたい、命を救いたい、人々を癒したいなどそれぞれに熱い思いを持ち、日々教育と研究に従事しています。読者の高校生・大学生の方々には、我々が自身の人生をかけて取り組みたいと思える課題に巡り合えた幸せな存在に見えるかもしれません。しかし、そんなことはありません。中には幼少期に目標を掲げ、その通りになった人もいるでしょう。しかし、多くは「学び」を唯一の灯として、真っ暗な道を今も行きつ戻りつしながら歩んでいます。高校生・大学生の方々は今まで知らなかった世界に触れる中で視野が広がり、それぞれの人に合った何かがいつか見つかるでしょう。それには、大学で講義を受ける、大学の講義を集めた本書を読むというのは手っ取り早い方法ではないでしょうか。

本書を読み終えた今、どのような感想をお持ちでしょうか。こんな分野があるのか！こんな研究があるのか！とすでに心が動いておられますでしょうか。へー、ふーん、という感覚でしょうか。もしくは、何のことか分からん！という感想でしょうか。どのような感想をお持ちでも、読んだ後の皆様は読む前とはもう違っているのではないでしょうか。今すぐでなくても何年後か、何十年後かに、本書に書かれたことが、ふと読者の皆様の心を動かす時が来ることを願っています。

弘前大学出版会は2004年6月28日、本学教員の様々な研究成果を全国、世界に発信できるようにとの遠藤正彦学長（当時）のお考えから、学内に設置された出版会です。その理念を大切にしながら弘前大学出版会は20年を歩んできました。弘前大学内に設置された出版会として、これからも学生の皆様の好奇心を刺激する書籍を出版していきたいと思います。

2024年4月1日
弘前大学出版会

弘前大学レクチャーコレクション 2
学びの扉をひらく

2024年6月28日　初版第1刷発行

編　者　弘前大学出版会
装　丁・デザイン
　　　　つちや　牧子（sekka Design）

発行所　弘前大学出版会
〒036-8560　青森県弘前市文京町 1
Tel. 0172-39-3168　fax. 0172-39-3171

印刷・製本　小野印刷所

ISBN 978-4-910425-17-7